_____ 님께

누구보다 소중한 당신에게
초일류로 향하는 37가지 성공철학을 담아 드립니다.

_____ 드림

인생에서 중요한 것은 모두
초일류에게 배웠다

JINSEI DE TAISETSU NA KOTO WA ITSUMO CHOICHIRYU NO HITOTACHI KARA MANANDA
Copyright ⓒ 2015 by Kaoru Nakajima
All rights reserved.
Original Japanese edition published in 2015 by Sunmark Publishing, Inc.
Korean translation rights arranged with Sunmark Publishing, Inc.
and Firforest Publishing Co. through PLS Agency.
Korean translation edition ⓒ 2016 by Firforest Publishing Co., Korea

이 책의 한국어판 저작권은 PLS를 통한 저작권자와의 독점계약으로 전나무숲에 있습니다.
신저작권법에 의해 한국어판의 보호를 받는 서적이므로 무단 전재와 복제를 금합니다.

# 인생에서 중요한 것은 모두 초일류에게 배웠다

나카지마 가오루 지음 | 성백희 옮김

전나무숲

### 한국어판 서문

안녕하십니까, 한국의 독자 여러분. 나카지마 가오루입니다.

먼저 한국에서 제 책의 출판을 결정해주신 데 대해 감사의 인사를 드립니다.

이 책에는 제가 지금까지 인연을 맺은 전 세계 '초일류'들과의 37가지 에피소드가 등장합니다. 대통령부터 기업의 사장, 운동선수, 아티스트, 디자이너에 이르기까지 인종과 국적, 나이는 물론이고 성별도 다르지만 모두 정말 훌륭한 분들이라 저는 이 분들한테서 값으로 매길 수 없는 시간과 경험을 선물 받을 수 있었다는 데에 진심으로 감사하고 있습니다. 독자들이 이 책을 읽으면서 이런 저의 경험들을 원하는 만큼 자신의 것으로 만드시길 바랍니다.

사람은 사람한테서 배울 때 마음 깊이 와닿고 진정한 변화의 바람을 일으킬 수 있습니다. 평소 대단하다 생각하고 위대하다고 느꼈던 사람, 그런 사람을 골라서 조금씩 흉내를 내는 것부터 시작합시다. '내가 할 수 있을까?', '잘 안 되면 어쩌지?' 같은 쓸데없는 걱정은 집어치우고 그저 자신의 가능성을 믿고 오로지 행동하십시오. 행복한 인생은 순수하게 실천하는 사람의 몫입니다. 이것은 제가 몸소 경험해 얻은 이치입니다. 그리고 또 하나, 항상 사랑과 감사의 마음을 잊지 마세요. 그런 사람에게는 나쁜 일이 생기지 않습니다. 이 역시 제가 단언하는 진실입니다.

지금 당신의 인생은 어떻습니까? 혹시라도 현재 상황이 안 좋아도 괜찮습니다. 세상에 영원한 것은 없으니까요. 상황은 얼마든지 바뀔 수 있습니다. 당신이 '바뀌겠다'고 마음만 먹는다면 말입니다. 바뀌겠다고 진심으로 바라서 행동으로 옮기고, 전력으로 그 변화와 마주하겠다고 지금 이 자리에서 스스로에게 약속한다면 말입니다.

바람은 사방 어느 쪽에서든 불어옵니다. 당신만의 바람을 움켜잡으십시오. 나아가 당신 스스로 자신이 원하는 바람을 일으킬 수 있는 사람이 되십시오.

뭔가 바뀌기만을 기다리던 삶에서, 이제 당신 스스로 변화를 일으키는 삶으로 돌아서십시오. 당신의 인생이 앞으로 어떤 식으로 바뀔지 기대하겠습니다.

**나카지마 가오루**

**머리말**

사람은
사람을 통해
성장한다

당신은 지금 최고의 인생을 살고 있나요?

도대체 최고의 인생이 뭐냐고 되묻는 분이 계실지도 모르겠습니다. 사람마다 그 정의는 다르겠지만 '재능을 최대한 개발해서 자신은 물론이고 남에게도 보탬이 되고, 매사에 감사하며 사는 인생'이라면 최고의 인생이 아닐까요?

눈치 빠른 분들은 벌써 눈치 챘겠지만, 최고의 인생을 살아야겠다고 결심하고 나면 시시한 일로 고민할 시간도 과거의 일로 끙끙 앓을 틈도 없습니다. 앞을 바라보면서 지금 여기에 존재하는 자신에게 집중하며 '이런 사람이 되겠다'는 목표를 향해 나아가야 하기 때문입니다.

그런데 지금의 상황이 당신이 바라던 모습과 아직은 거리가 멀다면 어떻게 해야 할까요?

방법이 없지는 않습니다. 사실은 목표에 다가가거나 목표를 뛰어넘어 자신이 상상도 하지 못한 방향으로 선회할 방법이 따로 있습니다. 그것은 바로 '내 인생은 내가 만든다'라고 의식하는 것입니다.

그걸 누가 모르냐고 투덜대는 사람도 있겠지요. 하지만 단순히 아는 것과 실천하는 것은 전혀 다른 문제란 사실을 아십니까? 맛있는 요리의 레시피를 아무리 많이 알고 있어도 요리하지 않으면 먹을 수 없는 것과 같은 이치입니다. 그러니 '내 인생은 다른 누구도 아닌 나의 것이다. 내 인생은 내가 만든다'라는 사실을 이 자리에서 다시 한 번 깊이 의식합시다. 그리고 나서 그 목표를 이루기 위한 행동에 나섭시다. 하는 김에 행동하는 방법도 알려드리겠습니다.

무척 간단합니다. '초일류'들의 삶을 배우면 됩니다.

초일류란 '자신의 목표를 알고 그 목표를 이루기 위해 전심전력으로 나아가는 사람'입니다. 유명하니까, 돈이 많으니까, 기업의 사장님이니까 같은 잣대들은 초일류의 이유가 될 수 없습니다. 물론 지위나 명성이 높은 사람들 중에 초일류가 많은 것은 사실입니다. 하지만 내게는 '자신의 목표를 알고 오로지 그 목표를 이루기 위해 극한의 노력을 기울인 사람'만이 초일류입니다. 쉬워 보입니까? 실제로는 상당히 어려운 일입니다. 우선 인생의 목표를 제대로 파악하고 있는 사람 자체가 드뭅니다. 그중에서 목표를 향해 걸음을 내딛을 수 있는 사람은 더 적습니다.

참으로 운 좋게도 나는 지금까지 수많은 초일류들을 만나왔습니다. 그 비결을 꼽으라면 사업에서 그런 대로 성공한 덕에 소위 '유명인사'들과 사귈 기회가 많았고, 사업상으로나 개인적인 일로 외국에 나갈 일이 많아서 일본뿐만 아니라 전 세계의 초일류들과 만날 기회도 많았기 때문이라고 할 수 있습니다. 게다가 초일류들은 그들이 어울리는 사람도 초일류인 경우가 많아서 누구든 명성 높은 사람과 일단 친분이 생기면 또 다른 명성 높은 사람을 소개받을 기회가 자연히 늘어났고, 예측하지 못한 타이밍에 다양한 초일류들을 만난 적도 많습니다.

그리고 이 부분이 제일 중요해 보이는데, 나는 호기심이 왕성하고 사람을 좋아합니다. 그러한 성향 덕분에 1년 365일 어떤 상황에서 만나든 함께한 사람들한테서 뭔가를 꼭 배웁니다. 대통령에서 사업가까지 남녀노소, 인종과 종교와 국적을 불문하고 말입니다.

어느 날, 이렇게 배운 것들을 나 혼자만 알고 말기에는 아깝다는 생각이 들었습니다. 그래서 많은 사람에게 배움의 기회를 주고 그동안 내게 다양한 가르침을 준 분들에 대한 감사의 의미를 담아 그 내용들을 책으로 엮기로 마음먹었습니다.

이 책에는 초일류들과 얽힌 37가지 에피소드가 실려 있습니다. 누구나 쉽게 떠올릴 수 있도록 세계적인 유명인사를 중심으로 골랐습니다. 이들은 내가 직접 만나 대화하면서 '정말 대단한데'라고 감명을 받았거나 살면서 영향을 받은 사람들입니다. 그들과의 만남에 얽힌 에피소드만으로도 충분히 흥미로울 테지만, 내가 그랬듯 당신 또한 그 만남에서 인생의 성공철학을 발견할지도 모릅니다.

단순히 '이런 일이 있었구나' 하며 자신과는 상관없는 이야기로 치부하느냐, 아니면 '이 사람은 이랬고 나카지마 가오루는 이런 생각을 했구나. 그럼 나라면?' 하면서 자신의 일처럼 받아들이며 읽느냐에 따라 이 책을 읽고 난 뒤의 행로가 크게 달라질 것입니다.

지금껏 살면서 초일류들과 만날 수 있었음에 진심으로 감사드립니다. 그리고 이들을 만나기까지 다리가 되어준 모든 분들께도 감사드립니다. 그분들이 아니었다면 초일류들과의 인연은 이어지지 않았겠지요.

인생은 누구와 만나고 무엇을 선택하느냐에 따라 결정됩니다. 구체적으로 말하면, 만난 이들한테서 무엇을 배우느냐에 따라 삶의 질을 높이고 자신을 단련시킬 힌트를 얻을 수 있습니다.

　사람은 사람을 통해서 성장합니다. 당신이라는 최고의 다이아몬드 원석을 이제부터 연마할 성공철학을 이 책에서 발견할 수 있기를 기원합니다.

**나카지마 가오루**

**차 례**

**한국어판 서문**  04

**머리말 _ 사람은 사람을 통해 성장한다**  06

## 01 꿈 DREAM
"나는 절대 포기하지 않았다, 무슨 일이 있어도 포기하지 않았다"
— 머라이어 캐리  18

## 02 도전 CHALLENGE
"나의 한계 그 너머를 보고 싶다" — 우치야마 다카시  23

## 03 운명 DESTINY
정해진 길로 이끄는 것 — 엘튼 존  29

## 04 팀워크 TEAMWORK
곱셈의 힘을 보여주는 그들 — 밀러 삼형제  35

## 05 뜨거운 가슴 HEART
"당신이 기뻐할 일이라면 뭐든 해주고 싶습니다" — 이츠키 히로시  40

## 06 아름다움 BEAUTY
"아름다움에 관한 한 타협은 없습니다" – 다니엘 오스트   46

## 07 우정 FRIENDSHIP
한결같이 온화하고 꾸밈이 없는 소울 브라더 – 케니 지   51

## 08 카리스마 CHARISMA
타인을 즐겁게 하는 성격, 그리고 강한 카리스마 – 샤킬 오닐   56

## 09 생기 CHEERFULNESS
주위를 환하게 밝히는 쾌활함 – 라이오넬 리치   61

## 10 전통 TRADITION
나라 사랑하는 마음을 과감히 실천한다 – 나카타 히데토시   67

## 11 소탈함 FRIENDLINESS
매력이란 이런 것 – 제니퍼 로페즈　72

## 12 집중력 CONCENTRATION
"지금 이 순간에 집중하고 그 상황을 즐긴다" – 로저 페더러　77

## 13 감동 EXCITEMENT
느낌표를 선물할 줄 아는 멋진 사람 – 베이비페이스　82

## 14 취향 TASTE
"물에 비치는 빛처럼 아름답게 빛나는 것을 내 손으로 만들어보고 싶다"
– 에디엔느　87

## 15 열정 ENTHUSIASM
보는 사람까지 기쁘게 만드는, 좋아하는 일에 바치는 에너지
– 피보 브라이슨　92

## 16 독특함 UNIQUENESS
어디에서도 찾아볼 수 없는 색다르고 불가사의한 존재감
– 보렉 시펙　97

## 17 직관 INTUITION
본질을 꿰뚫어보는 힘의 중요성 – 다이애나 로스　102

## 18 중심 RESOLVE
어떤 상황에서도 흔들리지 않는다 – 미우라 가즈요시　107

## 19 약속 PROMISE
"내가 한 말은 꼭 지킨다" – 윤디 리　113

## 20 의외성 ASSUMPTION
거물의 매력적인 민낯 – 빌 클린턴　118

## 21 대범함 EASYGOING
몇 가지 중요한 일 외에는 신경 쓰지 않는 현명함 – 디온 워윅　123

## 22 와인 WINE
"와인의 맛은 사람이 결정합니다" – 데이비드 피어슨　128

## 23 가능성 POTENTIAL
기대하며 그리는 미래 – 스카일라 그레이　133

## 24 환대 HOSPITALITY
다시 찾고 싶은 시간과 공간의 선물 – 노부 마츠히사　138

## 25 신의 FAITHFULNESS
"한번 맺은 귀한 인연은 잊지 않는다" – 기 랄리베르테　143

## 26 배움 LEARNING
"궁금하니, 기쁜 마음으로 응하겠습니다" – 카를로스 모야  148

## 27 자선 CHARITY
진심을 담아 누군가를 도우며 기쁨을 느낀다 – 성룡  153

## 28 일 BUSINESS
"사람들에게 기쁨을 주는 물건을 판다" – 티에리 나타프  158

## 29 패션 FASHION
나만의 스타일을 찾아가는 과정 – 톰 브라운  163

## 30 프로의식 PROFESSIONALISM
"프로의 자부심만 있다면 불가능한 일은 없다" – 피에르 가니에르  168

## 31 자유 FREEDOM
"연습하지 않는 사람은 우승할 자격이 없다" – 안드레 애거시  173

## 32 고집 COMMITMENT
'나만의 기준'을 굽히지 않는 용기 – 사쿠라이 히로시  178

## 33 순수 PURITY
헛된 것에 사로잡히지 않는 곧은 마음
– 아테네올림픽 일본 남자 체조 대표팀  183

## 34 품격 SOPHISTICATION
긍지와 책임에서 풍겨나오는 대가의 아름다움
- 합스부르크가의 사람들　188

## 35 교육 EDUCATION
부모가 자식에게 남기는 평생의 재산 - 나카지마 마츠요　193

## 36 운 LUCK
"남들이 걸을 때 전력으로 달리게나" - 제이 밴 앤델　198

## 37 사랑 LOVE
무언가를 혹은 누군가를 소중히 여기는 마음 - 리치 디보스　203

**맺음말** _ This is it　208

# 01

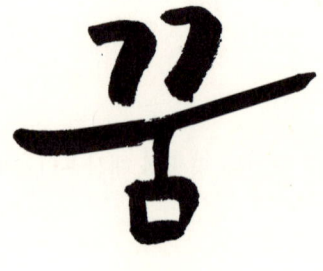

## DREAM

•

"나는 절대 포기하지 않았다,
무슨 일이 있어도
포기하지 않았다"

**머라이어 캐리**

---

**머라이어 캐리(Mariah Carey)** 1990년에 데뷔했다. 데뷔 음반에서 싱글 4개가 빌보드 핫100에서 1위를 차지했고, 2000년에는 월드뮤직어워드에서 1990년대 사상 최다 앨범 판매량을 기록한 여가수로 선정되었고, 그래미어워드에서 총 5회 수상하는 등 전 세계 음악 팬들의 사랑을 받고 있다. 현재 미국의 팝과 R&B 장르의 싱어송라이터이자 프로듀서 및 배우로 활동하고 있다.

"인생에서 가장 소중한 게 뭐라고 생각하세요?"

내가 직장 동료나 친구들한테서 자주 듣는 질문입니다. 당신이라면 뭐라고 대답하겠습니까? 소중한 것들이야 많겠지만 나는 이 질문에 '꿈'이라고 대답하고 싶습니다. 꿈은 인생이라는 길을 걸을 때의 이정표이자 파트너이며 나를 지켜주는 수호천사입니다.

그러면, 당신의 꿈은 무엇입니까?

이런 질문을 받으면 사람들은 다양한 반응을 보입니다. 질문을 받자마자 막힘없이 대답하는 사람이 있는가 하면, 잠시 생각에 잠기는 사람도 있지요. 고심 끝에 '이게 아닐까?' 하는 사람도 있고, '내게는 꿈이 없구나'라며 심각하게 자책하는 사람이 있을지도 모릅니다. 왜 그럴까요? '꿈'이라고 하면 뭔가 대단한 것, 혹은 남들이 듣고서 멋지다고 감탄할 만한 것이어야 한다고 믿기 때문은 아닐까요? 그래서 고심하고, '꿈이 없다'는 대답도 하겠지요.

그렇다면 꿈을 '하고 싶은 일', '갖고 싶은 것', '이랬으면 좋겠다는 희망사항'으로 바꿔서 생각해보면 어떨까요? 좋아하는 무언가가 있다면 그것에 둘러싸여 사는 삶이 훌륭한 꿈이 될 수 있습니다. 잘하고 싶은 일이 있다면 그 일을 잘하는 것도 충분히 꿈이 될 수 있습니다.

꿈이란 말을 들으면 나는 항상 머라이어 캐리가 생각납니다. 그녀는 음악 차트에서 전미 1위에 오른 횟수를 집계한 결과 여성 아티스트 중 역대 1위를 차지한, 세계가 인정한 디바입니다.

나는 머라이어 캐리가 데뷔했을 때부터 그녀의 열성 팬이었습니다. 그래서 한동안 그녀의 노래 〈히어로(Hero)〉를 내 강연회의 엔딩 곡으로 쓰기도 했습니다. 그녀의 노래나 곡도 훌륭하지만 내가 그것보다 더 높이 평가하는 것이 있습니다. 바로, 데뷔가 성사되지 못해 고통스럽던 시절에도 절대 꿈을 포기하지 않았던 그녀의 태도입니다.

이런 머라이어 캐리를 '언젠가는 내가 주최하는 이벤트에 초대하고 싶다'는 바람을 줄곧 품고 있었습니다. 상당히 큰 꿈이라 쉽지는 않았습니다. 하지만 포기하지 않고, 분명 언젠가는 기회가 찾아올 것이라 믿고 기다리면서 다른 꿈들을 먼저 이루어 나갔습니다.

그러다 내가 환갑이 되던 해에 드디어 그 바람이 이루어졌습니다. 그 해가 마침 지금 하는 사업의 30주년과 겹쳐서 동료들과 기념 이벤트를 하기로 했는데 그 자리에 머라이어 캐리를 게스트로 초대하기로 기획한 것입니다. 쉽게 초대할 수 있는 아티스트가 아니다 보니 교섭하기까지 여러 번 고비가 있었습니다. 그렇지만 예전에 다이애나 로스와

스티비 원더, 제니퍼 로페즈 등과 사업적으로 인연이 있었고 라이오넬 리치와 바비 콜드웰, 케니 지 등을 개인적으로 초대했던 경험이 있어서 결국 머라이어 캐리 측으로부터 초대에 응한다는 대답을 들을 수 있었습니다.

기념 이벤트는 마카오의 베네치안마카오리조트호텔에서 열렸습니다. 오천 명의 관중 앞에서 노래하는 머라이어 캐리를 본 그날은 나의 꿈이 또 하나 이루어진 날이었으며 '이 꿈을 꾸길 잘했다', '포기하지 않길 정말 잘했다'라고 느낀 순간이었습니다.

당시 무대에서 머라이어 캐리는 노래를 하는 것 외에도 데뷔 전에 있었던 일을 얘기해주기도 했습니다. 그중에서 나의 뇌리에 강하게 남은 말이 있었습니다.

"힘든 나날이었지만 나는 절대 꿈을 포기하지 않았습니다. 무슨 일이 있어도 포기하지 않았어요."

이 강력한 메시지를 지금 이 자리에서 당신에게도 전하고 싶습니다.

큰 꿈이 아니어도 좋습니다. 사소한 것이라도 좋으니 꿈을 가지세요. 하나보다는 둘, 둘보다는 셋, 되도록 많은 꿈을 꾸세요. 중요한 것은, 꿈을 이루려고 여러 가지 노력을 하다가 잘 풀리지 않을 때가 있더라도 절대 포기해서는 안 된다는 점입니다. 그렇다고 해서 잘 안 되더라도 무조건 밀고 나가라는 말이 아닙니다. 잘 안 될 때에는 일단 그 꿈을 뒤로 미뤄놓고 다른 꿈을 좇아 움직이라는 소리입니다. 이때 제대로 안 풀린 꿈일지라도 포기하지 말고 마음 한쪽에 잘 보관해둡니다. 그 꿈을 없었던 일로 돌리지 말고 그 꿈을 이룰 시기가 무르익을 때까지 기다리면 됩니다. 꿈을 이루기 위해서는 기다림의 시간도 필요한 법이니까요.

인생을 살며 여러 꿈을 꾸는 즐거움과 그 꿈을 이루어가는 기쁨을 경험하길 바랍니다. 꿈을 포기하지 않고도 당신이 할 수 있는 일은 얼마든지 있으니까요.

 **초일류를 향하여**

당신은 포기하지 않고 끝까지 해내고 싶은 꿈이 있나요? 언뜻 생각나지 않으면 '하고 싶은 일', '갖고 싶은 것', '이랬으면 좋겠다는 희망사항'을 생각해보세요.

02

# 도전
## CHALLENGE

•

"나의 한계
그 너머를
보고 싶다"

우치야마 다카시

**우치야마 다카시(内山高志, Uchiyama Takashi)** 일본 복싱계의 맏형이자 에이스이다. WBA 슈퍼페더급 슈퍼챔피언, 2015년에는 일본 프로복싱 MVP(일본프로복싱위원회 JBC 주관)에 선정됐다. 그는 현재 30대 중후반으로 복싱 선수로서는 적지 않은 나이임에도 불구하고 압도적인 파워를 과시하며 통산 11차 방어에 성공했다. 2016년 현재 최다방어 기록 경신을 노리며 열심히 훈련하고 있다.

우리는 늘 다른 사람과 자신을 비교하고 경쟁합니다. 하지만 진짜 싸워야 할 대상은 외부가 아닌 내부에 있습니다. 그 대상은 바로 나 자신이며, 내 안에 있는 '내 멋대로 정해놓은 한계'입니다. 한계는 '한계의식'이라고 하는 편이 맞을지도 모르겠습니다.

스포츠라면 하는 것도 보는 것도 모두 좋아하는 나는 다양한 종목의 선수들한테서 항상 배우는 것이 있습니다. 그들은 언제나 '기록 갱신'을 목표로 단련에 힘씁니다. "1센티미터만 더!", "0.1초만 더!", "1킬로그램만 더!", "0.1점만 더!"를 외치면서요. 이들 숫자는 다른 선수들의 기록과 비교하기 위한 수치처럼 보이지만 사실은 '그만큼 더 해낼 수 있는' 자신과의 싸움의 수치를 가리킵니다. 세계 신기록이 아니라 자신의 신기록인 것이죠.

내가 이 사실을 깊이 의식하게 된 데에는 한 운동선수와의 만남이 큰 역할을 했습니다. 바로 현 WBA 세계 슈퍼페더급 슈퍼챔피언인 우치야마 다카시 선수입니다.

어느 날 친구가 평소 친하게 지내던 복싱 체육관 주인과 술자리를 가지면서 나를 불렀습니다. 나는 그때까지 복싱을 관람한 적이 없었기 때문에 문외한이 끼어들어서 괜히 분위기만 망치는 것은 아닐까 하는 걱정이 돼 처음에는 거절했습니다. 하지만 "세계챔피언도 온다는데 꼭 오지 그러나?" 하는 말에 호기심이 생겨서 '모르는 분야를 공부하자'는 마음으로 그 자리에 참석했습니다. 그때 만난 세계챔피언이 바로 우치야마 선수입니다.

우치야마 선수는 나 같은 문외한마저도 알 정도로 정말 대단한 선수입니다. WBA 세계 슈퍼페더급 챔피언의 9차 방어에 성공하면서 슈퍼챔피언으로 인정받았고, 아마추어 시절부터 받은 타이틀과 수상 경력을 세자면 끝이 없을 정도입니다. 참고로 슈퍼챔피언은 세계챔피언보다 상위의 복싱 타이틀이니, 말도 안 되게 강하다는 뜻입니다.

그들과의 만남이 가까워올수록 '세계챔피언이 온다는데 함께 나눌 이야깃거리가 없으면 무척 어색할 거야'라는 걱정이 커졌습니다. 이야깃거리를 고민하는데 바르셀로나올림픽 때 친구를 따라서 라이트급 금메달리스트인 오스카 델 라 호야의 시합을 보러 갔던 기억이 떠올라 그때의 경험을 이야기하기로 마음먹었습니다. 또 예전에 무하마드 알리와 함께 사업을 진행할 때 받은 그의 사인이 들어간 복싱 글러브와 복싱 팬츠가 있어 챙겼습니다. 지금 생각하면 술집에 복싱 글러브와 팬츠를 들고 가는 모양새도 웃기고, 복싱에 대해 아무것도 모르는 생무지 주제에 무하마드 알리의 사인이 들어간 복싱 글러브와 팬츠를 가지고 있다는 것도 우치야마 선수로서는 기겁할 일이었을 것입니다. 하지만 그 덕분에 모두가 폭소를 터뜨리면서 분위기가 금세 화기애애해졌습니다.

복싱 선수 하면 체중을 가혹할 정도로 줄이는 장면이 떠오릅니다. 그래서 나는 우치야마 선수에게 왜 그런 힘든 일을 사서 하는지, 어떤 동기로 무려 아홉 번에 이르는 챔피언 방어를 할 수 있었는지, 매번 이기는 실력은 어떻게 쌓았는지를 물었습니다.

우치야마 선수는 복싱에 일자무식인 나도 금세 알아들을 수 있도록 쉽고도 자세하게 대답해주었습니다. 그가 한 말 중에서 내 기억에 강하게 남은 한 마디는 "나의 한계 그 너머를 보고 싶습니다"였습니다. "내가 정해놓은 한계의 틀을 깨고 그곳에서 그 너머를 바라봅니다. 그 과정을 반복함으로써 진화한 나 자신을 체험할 수 있습니다"라고 했습니다.

나 역시 줄곧 '한계 따위는 없다. 한계는 내가 정해놓은 것일 뿐이다. 그러므로 내 한계는 내가 뛰어넘을 수 있다'는 생각으로 사업을 해왔고 그 덕분에 여러 성과를 달성했습니다. 그럼에도 마치 고행과도 같은 우치야마 선수의 한계 돌파 의식을 접하고서는 소름이 끼쳤습니다. '한계 따위는 없다'는 내 생각을 훌쩍 넘어서 있었기 때문입니다.

어느 인터뷰 기사에서 우치야마 선수는 "나는 천재가 아니다"라고 했더군요. 또 "연습은 배신하지 않는다. 거꾸로 말하면, 연습하지 않으면 배신당한다"라는 말도 했습니다. 매일 철저히 훈련을 해 하루하루 강해지는 것이 무엇보다 중요하다는 의미일 테지요.

나는 그가 충분히 천재라는 생각이 들었고, 그의 강인함의 비밀은 노력일지도 모른다는 생각도 했습니다. 내 생각에 천재는 '천부적인 재능'을 가진 사람이 아니라 '무언가를 오래 계속할 수 있는 재능'을 가진 사람이기 때문입니다. 한 곳에 지속적으로 집중할 수 있는 사람이 결국에는 최후의 승자가 됩니다. '나는 이만큼의 노력을 했다'라는 자기 자신에 대한 신뢰보다 강한 것은 없습니다. 우치야마 선수에게는 바로 그것이 있습니다.

결정적인 순간에는 그동안의 노력이 뒤를 받쳐줍니다. 그렇게 또 하나의 한계를 돌파하게 됩니다. 나도 우치야마 선수처럼 살고 싶습니다.

**초일류를 향하여**

당신이 스스로 정해놓은 한계가 있다면 무엇인가요? 그 한계를 넘기 위해 당신이 할 수 있는 노력엔 무엇이 있을지 생각해보세요. 그 한계를 뛰어넘은 당신의 모습도 상상해보세요.

## 03

# 운명

## DESTINY

●

정해진 길로
이끄는 것

**엘튼 존**

---

**엘튼 존(Elton John)** 세계적으로 인정받은 영국의 가수 겸 작곡가, 사회운동가이다. 1975년에 할리우드 명예의 거리에 이름을 올렸으며, 1992년에는 작사가 버니 토핀과 함께 작곡가 명예의 전당에 입성하고, 1994년에는 로큰롤 명예의 전당에 단독으로 입성했다. 1995년에 폴라음악상을, 1999년에 그래미 레전드상을, 2004년에는 미국 존F.케네디센터 주관 공연예술 평생공로상을 받았다. 2006년에는 영화 음악과 뮤지컬 음악에 대한 공로를 인정받아 월트디즈니컴퍼니로부터 디즈니 레전드상을 받기도 했다. 그 외에 아카데미상, 그래미어워드 5회, 골든글로브상, 토니상, 브릿어워드 4회, 아이버 노벨로 어워드 12회 등 수상 경력이 화려하다.

세계에서 3억 장 이상의 음반이 팔리고, 싱글 앨범 〈캔들 인 더 윈드(Candle in the wind)〉(다이애나비 추모곡)만으로도 전 세계에서 3700만 장 이상을 팔아치운 영국의 뮤지션 엘튼 존과 나는 꽤 가까운 사이입니다. 매년 그의 자택에서 개최되는 자선 파티에도 초대받아 할리우드 스타와 슈퍼모델, 일류 운동선수, 거물 정치인에 이르기까지 온갖 유명인사가 한 자리에 모이는 광경을 언제나 즐겁게 감상하고 있습니다.

그 화려한 곳에서 나는 항상 '운명의 신비로움'을 떠올립니다. 이 사람이 없었더라면 지금의 나도 없었을 테니까요. 틀림없이 그럴 것입니다. 왜냐하면 내게 있어 엘튼 존은 운명이나 다름없기 때문입니다. 그렇다고 해서 엘튼 존이 사업적으로 내게 협력을 했다든가, 어려울 때 내게 도움을 줬다는 뜻은 아닙니다. 그래서 더욱 그와 얽힌 인연은 신비롭고 불가사의합니다.

나는 고등학교를 졸업한 뒤에 고향인 시마네현에서 야마하에 취직했습니다. 하마마쓰에서 연수가 있었는데, 일정을 마치고 밤에 혼자 상점가로 훌쩍 외출을 나갔습니다. 그리고 우연히 들어간 레코드

가게에서 잔잔히 흐르던 음악에 마음을 빼앗겼습니다. 처음 듣는 노래인 데다 일본어로 된 곡도 아니어서 어떤 노래인지 파악하기 힘들었습니다. 그래서 점원에게 곡명을 물었습니다. 아직 정식으로 발매되지 않은 엘튼 존의 〈유어 송(Your Song)〉이었습니다. 발매일에 맞춰 레코드 가게로 가서 앨범을 산 나는 그가 전하는 아름다운 멜로디의 포로가 되어 몇 번이고 반복해서 들었습니다. 그리고 그가 일본에 왔을 때에는 그의 콘서트를 보기 위해 오사카까지 가기도 했습니다.

그러다가 세계가요제라는 행사에 대해 알게 되었습니다. 그 해의 영국 대표가 엘튼 존이란 사실에 이번에도 역시 시마네에서 도쿄까지 그를 보러 갔습니다. 당시 그랑프리를 탄 곡이 나카지마 미유키의 〈지다이(時代)〉입니다. 웃기게도 나는 여기에 자극을 받아 '나도 곡을 한번 써보자'고 마음먹었습니다. 생각만으로 그치지 않고 실제로 작곡에 도전해서 그 곡으로 다음 해 세계가요제에 참가했는데, 참가곡인 〈굿바이 모닝(Good-by morning)〉이 덜컥 그랑프리를 수상하고 말았습니다. 거짓말 같은 실화입니다. 그리고 이야기는 아직 끝나지 않았습니다.

그랑프리 수상으로 나는 작곡가로서의 경력을 쌓기 시작했습니다. 야마하를 퇴직하고 시마네에서 도쿄로 상경했지요. 도쿄에서 작곡 일을 하다가 지금의 사업을 만났습니다. 그리고 업무의 일환으로 칸 국제영화제에 갔을 때 동행했던 쇼파드(chopard, 스위스의 시계·보석 브랜드)의 사장 캐롤라인 슈펠레의 소개로 엘튼 존의 파트너인 데이비드 퍼니시를 알게 되었습니다. 내가 얼마나 놀라고 감격하고 감동했으며, 또 긴장해서 벌벌 떨었던지 당신은 상상도 못 할 것입니다.

엘튼 존에 대한 내 마음을 전해야겠기에 떨리는 마음을 부여잡고 "엘튼 존 덕분에 제 인생이 바뀌었습니다! 실제로 이러저러해서……"라고 열심히 데이비드 퍼니시에게 이야기했습니다. 그랬더니 놀랍게도 그가 "그럼 내년 자선 파티에 꼭 오세요. 초대장을 보낼 테니 연락처를 알려주세요"라고 하는 것 아닙니까! 그 이후로 매년 초대장이 날아왔고 엘튼 존과도 무척 가까워졌습니다. 내 인생이 자신으로 인해 크게, 그것도 좋은 방향으로 바뀌었다는 사실에 그도 정말 기뻐해주었고 그 모습이 또 내게는 큰 기쁨이었습니다.

야마하에 입사하지 않았더라면, 연수 지역이 하마마쓰가 아니었더라면, 레코드 가게에 들어가지 않았더라면 엘튼 존을 알지 못했겠지요. 그리고 엘튼 존을 보러 세계가요제에 가지 않았더라면, 곡을 써서 참가하지 않았더라면, 작곡 일을 하러 도쿄로 가지 않았더라면 지금의 사업은 시작하지도 못했을지 모릅니다. 이 가운데 하나만 빠졌어도 지금처럼 사업에 성공해서 오랫동안 동경하던 엘튼 존과 친교를 나눌 일도 없었을 테지요. 그렇게 보면 나는 엘튼 존이 인도하는 대로 엘튼 존으로 이어지는 길을 걸어온 셈입니다. 이를 운명이라고 하면 억지일까요?

누구에게나 이런 기회는 찾아옵니다. 저마다 만나는 사람, 만나는 방식, 만나는 시기는 다를지라도 인생에는 몇 번씩 이런 신비하고도 우연한 만남이 존재합니다. 그 기회를 직감적으로 잡아채느냐 눈앞에서 놓치느냐는 자기 하기 나름입니다.

운명적인 만남은 어제 지나갔을 수도 있고 내일 찾아올지도 모릅니다. 어쩌면 지금 바로 이 순간에 일어나고 있는지도 모릅니다. 당신의 운명을 바꿔줄 다음 번 만남은 꼭 붙잡길 바랍니다.

**초일류를 향하여**

당신의 삶을 긍정적인 방향으로 인도해줄 운명적인 만남을 어떻게 알아볼 수 있을까요? 또 그런 만남을 놓치지 않으려면 어떻게 해야 할까요?

## 04

# 팀워크

## TEAMWORK

•

곱셈의 힘을
보여주는
그들

**밀러 삼형제**

---

**밀러 삼형제(Miller Brothers)** 밀러 삼형제는 J·B 밀러, 베넷 밀러, 시어도어 밀러를 말한다. J·B 밀러(Jon Brian Miller)는 이벤트 프로듀싱 회사인 엠파이어엔터테인먼트의 공동창립자로서 1993년 이래 공동회장으로 활동하고 있다. 또한 20년이 넘는 프로듀서 경력을 지닌 에미상 수상자이기도 하다. 베넷 밀러(Bennett Miller)는 미국의 영화감독이다. 1998년에 영화 〈뉴욕 크루즈〉로 데뷔했으며 〈카포티〉(2006년), 〈머니볼〉(2011년), 〈폭스캐처〉(2015년) 등을 감독했다. 2015년에 제30회 인디펜던트 스피릿어워드 특별상을 수상했다. 시어도어 밀러(Theodore Miller)는 아시아에서 크리에이티브 미디어, 마케팅 커뮤니케이션, IT와 매니지먼트 분야의 경험을 20년 이상 쌓은 뒤 2003년에는 엠파이어엔터테인먼트 재팬을 설립, 현재 대표이사로 도쿄를 거점으로 아시아권에서 활동하고 있다. 영화 제작과 관련해서는 제작총지휘(executive producer)로 에미상을 수상한 경력이 있다.

너무나 당연한 얘기지만, 사람은 혼자서는 살 수 없습니다. "난 전기도 가스도 아무것도 없는 무인도에서 살고 있는데요"라고 반론하는 사람조차 그렇게 살기까지 누군가에게 신세를 졌을 것입니다. 그리고 사람은 애초에 혼자서는 태어나지도 못합니다.

혼자서 할 수 있는 일이라고 해봤자 뻔합니다. 하지만 자신이 할 수 있는 일, 좋아하는 일, 잘하는 일 등을 다른 사람들과 협력하면 여러 가지 일을 해낼 수 있습니다. 단순히 더해지는 것이 아닌 곱셈의 파워로 말이죠. 나는 평소에 내가 잘하는 일과 못하는 일을 자각하고 사는지라 무슨 일이 생기면 곧바로 회사의 직원, 사업상의 거래처, 친구나 지인, 가족과 친척, 정 급할 땐 오늘 처음 만난 사람한테라도 묻거나 부탁을 해서 해결합니다. 매일 감사하는 마음으로 곱셈의 파워를 충분히 활용하는 셈이죠.

곱셈의 파워와 관련해서 중요한 사실이 하나 있습니다. 그것은 누군가와 무슨 일을 할 때, 즉 팀으로 움직일 때는 구성원들의 능력만큼이나 성격과 사고방식도 중요하다는 점입니다. "능력만 확실하다면 성격은 상관없지 않나요?"라고 의문을 제기할 수도 있습니다. 정말 그럴까요?

예를 들어 다섯 명이 한 팀이 되어 성과물을 내야 한다고 합시다. 모두 능력은 뛰어난데 그 가운데 딱 한 명이 팀원들과 융화하지 못하고 자신의 생각만 고집하는 이기적인 사람이라면 어떨까요? 이런 경우 성과물을 만들어가는 과정에서 문제가 생길 가능성이 높습니다.

팀은 서로의 신뢰를 바탕으로 발전하는 사고를 할 때 곱셈의 파워가 생깁니다. 한 명이라도 발전과는 거리가 먼 사람이 끼어 있으면 다른 이들이 아무리 발버둥을 쳐도 결국 마이너스 값이 나오고 맙니다.

능력도 사고방식도 큰 양수인 사람들끼리 곱했을 때 엄청난 결과가 나온다는 사실을 깨닫게 해주는 친구들이 있습니다. 바로 밀러 형제입니다. 그들은 삼형제인데, 손위에서부터 J·B, 베넷, 시어도어입니다.

J·B는 전 세계의 일류 아티스트들과 대통령을 비롯한 거물 정치인들의 출연 계약을 관리하고 다양한 이벤트를 프로듀싱하는 엠파이어엔터테인먼트의 뉴욕 본사 대표입니다. 타임지가 선정한 '세계에서 가장 영향력 있는 100인'에 든 파티 프로듀서이기도 합니다.

베넷 밀러는 칸 국제영화제에서 감독상을 수상했으며, 브래드 피트 주연의 〈머니볼〉과, 아카데미에도 노미네이트된 〈폭스캐처〉를 만든 영화감독입니다.

막내인 시어도어 밀러는 엠파이어엔터테인먼트 재팬의 대표이자 모델 안미카의 남편이기도 합니다.

이 형제들은 각자의 능력이 엄청난 데다 성격도 좋고, 놀랄 정도로 우애가 깊습니다. 다들 매우 바쁜데도 사업적으로든 개인적으로든 무슨 일만 있으면 셋이 모여서 즐거운 시간을 갖습니다. 가끔씩 제게 메일을 보내는데, 메일에 첨부된 사진에서도 셋이 함께 웃고 있는 모습을 자주 봅니다. 이들 삼형제가 각자 사업체를 꾸리며 서로의 사업에 협력하고 있으니 그야말로 최강의 팀입니다.

형제니까 협력하는 것이 당연하다고 생각할 수 있지만, 어렸을 때라면 몰라도 어른이 된 지금까지 이 정도로 우애가 깊다니, 정말 대단한 일입니다.

그들이 활약하는 모습을 보면서 나도 팀워크에 대해서 다시 생각하게 되었습니다. 개인의 능력을 100퍼센트 발휘하면서 이를 다시 200퍼센트, 1000퍼센트까지 증폭시키는 곱셈 파워를 끌어내려면 직원들의 성격이나 사고방식 같은 '인간력(人間力)'을 업그레이드시킬 필요가 있습니다. 서로 신뢰하고 존중하는 태도가 중요하다는 뜻입니다.

당신도 꼭 그런 팀의 일원이 되길 바랍니다.

 **초일류를 향하여**

지금 당신이 속한 팀에서 각자의 능력을 100% 발휘하면서 200%, 1000%까지 곱셈 파워를 끌어낼 수 있는 방법은 무엇일까요?

## 05

# 뜨거운 가슴

## HEART

●

*"당신이
기뻐할 일이라면 뭐든
해주고 싶습니다"*

**이츠키 히로시**

---

**이츠키 히로시**(松山數夫, Itsuki Hiroshi) 일본의 엔카 가수이자 작곡가, 영화배우. 1965년에 싱글 앨범을 발표하면서 데뷔했지만 크게 주목받지 못하다가 '전일본가요선수권'에서 10주 연속 우승을 거두고 〈요코하마 황혼(よこはま·たそがれ)〉이 큰 성공을 거두면서 대형 스타로 자리 잡았다. 일본 레코드대상에서 대상을 두 번이나 수상했고, 10년 연속 금상을 수상하고 그 공로로 첫 특별상 수상자가 되었다.

부모님이 노래를 좋아하셨고 나 역시 작곡가로 활동했을 만큼 음악을 정말 좋아합니다. 클래식에서 록, 재즈, 트로트에 이르기까지 장르를 가리지 않고 음악을 듣는데 그 덕분인지 다양한 장르의 가수들과도 친분이 있습니다. 이츠키 히로시는 그중에서도 인연이 조금 더 특별합니다.

이츠키 히로시와는 서로를 '소울 브라더'라고 부릅니다. 우리가 이렇게까지 가까워진 계기가 있었는데, 한마디로 기적이 따로 없습니다.

원래 아버지가 이츠키 히로시의 열렬한 팬이라서 집에서 그의 노래를 자주 들으셨습니다. 나도 옆에서 듣고 자란 덕에 이츠키 히로시를 무척 좋아합니다. 몇 년 전에 하와이에 갈 일이 있었는데, '이츠키 히로시 베스트'를 직접 편집해서 휴대용 음악 플레이어에 넣어 갔습니다. 하와이에서 볼 일을 보고 귀국하기 위해 공항 라운지에서 그 음악을 듣는데, 이게 웬일입니까? 음악의 주인공이 그 자리에 떡 나타났습니다! 너무 놀라 내 눈을 의심했습니다.

잠시 멍해 있다가 이츠키 히로시가 내 앞을 지나쳐갈 때 나도 모르게 "저기, 잠깐만요" 하고 불러 세웠습니다. 길에서 만났다면 그대로 무시하고 갔을 테지만 그곳은 조용한 퍼스트클래스 라운지였습니다. 이츠키 히로시가 "네?" 하며 멈춰 섰습니다. 그래서 나는 우리 부자(父子)가 모두 이츠키 히로시의 열렬한 팬이며, 직접 만든 베스트 컬렉션을 지금도 듣고 있었다는 이야기를 했습니다. 이츠키 히로시가 "뭘 듣고 계셨나요?" 하고 묻기에 "〈노렌(暖簾)〉입니다. 제일 좋아하는 곡이거든요"라고 답하자 살짝 놀라며 "그러신가요? 상당한 마니아이신가 봅니다. 괜찮으시다면 이번에 나올 곡인데 한번 들어보세요"라며 CD를 건네주었습니다.

이것으로 끝이 아닙니다. 비행기에 탔더니 내 뒷좌석에는 이츠키 히로시와 그의 부인이, 옆자리에는 그의 아들이, 맞은편에는 그의 양친이 앉아 있어서 마치 내가 이츠키 패밀리에 끼어든 듯한 모양새였습니다. 우리의 인연은 이게 다가 아닙니다.

비행기에서 내린 뒤 밖으로 나와서 마중 나온 차를 찾아 입구 쪽으로 갔는데 그 자리에서 다시 한 번 이츠키 히로시와 마주쳤습니다. 특별한 인연이 아니고서야 이럴 수 없다는 생각에 "또 뵙네요" 하고 명함을 건네며 정식으로 나를 소개하자 이츠키 히로시도 연락처를 적은 메모지를 주었습니다. 그 뒤 얼마 있다가 어떤 계기로 연락이 닿아

서로 왕래하게 되었습니다. 지금은 가족 모임을 갖는가 하면, 서로의 집이나 주최하는 이벤트에 초대하고, 깜짝 선물도 하는 관계가 되었습니다.

이츠키 히로시를 보면 '뜨거운 가슴'이란 표현이 떠오릅니다. '뜨거운 가슴'이라고 하니 조폭 영화가 생각난다는 분도 있겠지만, 이츠키 히로시의 뜨거운 가슴은 거친 의미의 '뜨거운 가슴'과는 큰 차이가 있습니다. 쉽게 말해 도리를 다하고 약속을 중시하는데, 의무감에서가 아니라 진심으로 상대를 배려하는 마음에서 그렇게 행동한다는 뜻입니다. 이츠키 히로시가 내게 해준 모든 것에서 그의 진심을 느꼈습니다. 나 또한 같은 마음으로 뭘 해줘야 이 사람이 기뻐할지를 항상 고민합니다.

그런데 이츠키 히로시와 만난 일화를 들은 사람들은 대부분 "왜 이츠키 씨는 가오루 씨께 연락처를 알려주었을까요? 일로 만난 사람도 아닌데요. 이런 말해서 죄송하지만, 공항에서 가오루 씨는 그냥 스쳐 지나가는 사람 아니었습니까?"라며 고개를 갸웃거립니다. 말을 듣고 보니 그럴 수도 있겠다 싶었습니다. 그래서 이 책을 쓰는 일도 있고 해서 비서를 통해 이츠키 히로시에게 물어보았습니다. 그랬더니 이츠키 히로시는 이렇게 대답했습니다.

"가오루 씨와의 만남을 생각할 때면 언제나 '인연으로 맺어진 사이'라는 말이 떠오릅니다. 둘 다 음악 일을 했다는 인연, 부자가 제 팬이었다는 인연, 그리고 하와이 라운지에서의 기적 같은 만남까지. 서로 아는 사이가 되고 가까워지면서 가오루 씨는 항상 어떤 일이든 적극적으로 도전하고 인연을 소중히 여긴다는 사실을 알게 되었습니다. 현재 우리 두 사람의 관계도 그렇게 시작되었고요. 가오루 씨와는 처음 본 사람 같지 않을 정도로 익숙한 인연을 느꼈습니다. 이 사람이 어떤 사람인지는 모르겠지만 보통 사람은 아니라는 직감도 들었죠. 평생 손에 꼽을 만한 만남이라고 생각합니다.

저와 가오루 씨는 하는 일은 달라도 '타인을 매료시킨다'는 점은 같습니다. 저는 노래로 사람들에게 감동을 주고, 가오루 씨는 인간적인 매력으로 사람들을 감동시킵니다. 가오루 씨와는 굳이 말로 하지 않아도 서로를 이해할 수 있으며, 가오루 씨가 기뻐할 일이라면 뭐든 해주고 싶습니다. 서로 살아 있는 한 이 인연은 계속될 테고, 앞으로도 오래도록 좋은 관계를 유지하고 싶습니다."

벅찬 감동에 말이 안 나왔습니다. 이토록 엄청난 인연이 찾아와준 데 감사하며, 이츠키 히로시의 진심에 부끄럽지 않은 사람이 돼야겠다는 포부가 마음에 가득 찼습니다.

다음번엔 내가 이츠키 히로시를 기쁘게 해줄 무언가를 준비해야겠습니다.

 **초일류를 향하여**

당신에게 특별한 인연, 기적 같은 인연이라고 느껴지는 사람이 있나요? 당신은 그 사람을 진심으로 대하고 있나요?

## 06

# 아름다움
### BEAUTY

•

"아름다움에 관한 한
타협은
없습니다"

**다니엘 오스트**

**다니엘 오스트(Daniel Ost)** 벨기에 출신의 플로리스트이자 건축가. '꽃의 조각가'라고도 불린다. 외국에서 데코레이션 요청이 들어올 정도로 전 세계적으로 유명하다. 그의 작품은 단순히 꽃을 만드는 일을 넘어서 식물 조형에 가까우며, 비행기를 통해 이동할 만큼 크기와 형식에 제한이 없다. 다니엘 오스트의 플라워 숍은 벨기에 브뤼셀과 세인트니콜라스에 있고, 그가 운영하는 플라워 학교는 세인트니콜라스와 일본에 있다.

'아름다움은 권력이다.'

이 사실을 내게 알려준 사람은 벨기에 출신의 플라워 아티스트인 다니엘 오스트입니다. 원래부터 나는 회화나 미술 공예품, 인테리어, 풍경, 패션에 이르기까지 아름다운 것은 뭐든 다 좋아합니다. 하지만 그의 손이 만들어낸, 자연과 인공이 조화된 독창적이고도 압도적인 미의 세계를 접했을 때는 문자 그대로 충격을 받았습니다.

그의 작품을 아직 보지 못한 독자라면 나중에라도 꼭 그의 개인전에 가보길 추천합니다. 사진집도 있고 인터넷으로도 이미지를 검색할 수 있지만 꽃과 가지, 잎사귀, 열매 같은 식물의 부분들을 몇 겹씩 짜 맞춰서 완성시킨 그의 작품은 직접 봐야 비로소 '생명이 연주하는 아름다움'을 만끽할 수 있습니다. 어떤 작품은 재료를 자유자재로 꺾고 구부려서 곡선의 약동감을 살렸고, 어떤 작품에서는 왜 그의 별명이 '꽃의 조각가'인지를 한껏 드러낸 거대한 존재감이 느껴지고, 어떤 작품은 미니멀하게 응축시킨 소세계를 표현하는 등 독특한 세계관을 보여줍니다. 그의 작품은 대담하고 화려하며 다이내믹한 박력으로 가득합니다. 동시에 섬세하고 우아하며, 불필요한 것들은 모조리 쳐낸 듯한 궁극의 심플함도 느껴집니다.

그와는 몇 년인가 전에 지인의 소개로 알게 되었습니다. 당시에도 그는 모국인 벨기에 왕실의 전속 아티스트였습니다. 오사카 꽃박람회에서 금상을 수상하는 등 권위 있는 다수의 세계대회에서 상을 탔으며, 정재계를 비롯해 각계의 저명인사들로부터 일을 의뢰받을 정도로 인기가 높았지만 일본에서는 아직 많이 알려지지 않았을 때였습니다. 시부야에서 열린 개인전을 지인과 보러 갔다가 '이 사람 앞으로 엄청 유명해지겠는데'라고 확신한 나는 그가 이후 일본에서 개최할 이벤트를 돕고 싶다는 의사를 전했습니다. 그후로 나는 그가 교토의 킨카쿠지와 닌나지, 이즈모다이샤 등지에서 개최한 개인전을 도왔고, 전시회 기간 중에는 하루 일정을 모두 비우고 동료들과 느긋하게 그의 작품을 감상하기도 했습니다.

2015년 3월에는 구라시키의 오하라 가문[大原家]의 저택에서도 전시회를 열었는데, 이때 나는 문득 '왜 다니엘 오스트가 이곳을 전시회장으로 골랐을까'가 궁금해졌습니다. 물론 오하라 가문의 저택은 구라시키의 관광 명소인 데다 오하라미술관과 구라시키중앙병원을 세운 오하라 가문의 구(舊)주택으로, 나라의 중요문화재로도 지정돼 있습니다. 게다가 오하라 가문의 차녀인 야스코가 미치코 일왕비의 동생인 쇼다 오사무에게 시집간 인연으로 전시회 기간 중에는 아키시노 왕자(미치코 일왕비의 차남)가 딸인 가코 공주와 함께 감상하러 오기도 했습니다. 하지만 이것 말고도 뭔가 이유가 있지 않을까 궁금하던 차였습니다.

수수께끼는 금방 풀렸습니다. 사업 동료들과 함께 다니엘 오스트의 개인전에 갔는데, 그때 생각지도 못하게 쇼다 야스코 씨가 직접 안내를 해주었습니다. 그 덕분에 작품에 대한 설명을 들으면서 저택 내부와 정원을 견학하다가 "여기는 아키시노 왕자님과 나카지마 씨께만 보여드리는 겁니다"라며 안내받은 코너도 있었습니다. 그곳에서 쇼다 씨가 다니엘 오스트의 작품을 좋아한다는 사실을 알게 되었습니다. 미치코 일왕비 역시 그의 작품을 좋아한다는 것 같았습니다. 다니엘 오스트의 훌륭한 작품에 감동하면서 나는 그가 만들어낸 아름다움이 이렇게 많은 이들을 감동시킨다는 사실에 또 감동했습니다.

그의 작품을 본 사람은 그가 만들어낸 아름다움이 지닌 힘에 사로잡히고 맙니다. 이는 아름다움에 관한 한 타협을 용납하지 않는 그의 집념이 낳은 결과가 아닐까 생각합니다. 예를 들어, 사각 상자에 남천나무 열매를 넣은 작품을 만든다고 할 때 나라면 상자 바닥을 높여서 맨 위쪽 한 줄만 열매로 채우고 말 것 같습니다. 하지만 다니엘 오스트는 맨 밑바닥에서부터 네 귀퉁이까지 빈틈없이 열매로 꽉 채웁니다. 자기가 갖고 있는 미의 개념을 표현할 수 있는 한계까지 표현하는 천재라 할 수 있습니다.

살면서 아름다운 것에 감동하는 순간만큼 행복한 일은 없습니다. 내가 그 사실을 몸소 체험할 수 있었던 것은 다니엘 오스트 덕분입니다. 당신도 꼭 체험해보길 바랍니다.

 **초일류를 향하여**

당신이 아름다운 것에 감동한 순간은 언제인가요? 당신이 생각하는 아름다움의 한계는 어디까지인가요?

07

# 우정
## FRIENDSHIP

●

한결같이
온화하고 꾸밈이 없는
소울 브라더

케니 지

---

**케니 지(Kenny G)** 미국의 음악가이자 색소폰 연주자. 1982년에 앨범 'Kenny G'로 데뷔했다. 대표곡으로는 〈Going home〉, 〈G-Bop〉 등이 있다. 1994년에 제36회 그래미어워드 최우수 연주 작곡상을 수상했다. 부드럽고 낭만적인 선율로 전 세계인들의 사랑을 받고 있다.

나는 영어를 잘 못합니다. 그럼에도 외국에 나갈 일이 사업상으로나 개인적으로 잦고 외국인 친구도 꽤 많습니다. 초기에는 어떻게 해서든 영어를 유창하게 해야겠다고 생각했지만 도중에 단념했습니다. 영어 공부에 들이는 시간과 에너지를 다른 일에 쓰는 편이 훨씬 효율적이라고 판단했기 때문입니다. 지금은 영어를 잘하는 직원이 통역으로 항상 따라다니기 때문에 영어에 대한 걱정 없이 무척 편하게 외국을 드나듭니다.

신기하게도 외국인 친구들은 내 영어 실력을 전혀 개의치 않고 내게 말을 겁니다. 나 역시 상대방이 말하는 의미는 잘 몰라도 전하고자 하는 의사는 이해할 수 있습니다. 서로 마음이 통한다는 소리겠지요. 그들과 같이 있다 보면 '우정이란 쓸데없는 일에 신경 쓰지 않고 서로를 소중히 여기는 편안한 관계를 말하는구나' 하는 생각이 듭니다.

만일 당신에게 '소중한 사람' 리스트를 적으라면 맨 꼭대기에 누구를 적겠습니까? 나는 감히 친우라 부를 수 있는 사람인 색소포니스트 케니 지를 맨 꼭대기에 적을 것입니다. 기네스북에 '누적 앨범 판매량에서 최다를 기록한 재즈 아티스트'로 등재된 사람을 친우라고 부르다니 송구스러울 지경이지만, 케니 지 자신이 항상 메일에 '나의 형제여(My Soul Brother)'라고 써주니 괜찮지 않을까 합니다.

　케니 지는 내가 오랫동안 무척 좋아한 뮤지션 중의 한 명입니다. 꽤 오래 전에 삿포로를 방문했을 때 야경이 아름다운 카페 바 N43에 들른 적이 있는데, 그곳에서 흐르던 음악이 케니 지의 〈송버드(Songbird)〉였습니다. 마음에 들어서 점원에게 곡명을 물어 메모한 뒤 나중에 CD를 사서 여러 번 들었습니다. 시간이 흘러 어느 날 나는 LA에서 사업 이벤트를 하게 되었습니다. 장소는 아카데미상과 에미상, 그래미상 등의 시상식 장소로도 유명한 슈라인 오디토리엄이었습니다. 순간 나는 '케니 지를 게스트로 부르고 싶다!'는 생각이 들었습니다. 그리고 정식으로 의뢰했습니다. 감사하게도 케니 지가 흔쾌히 승낙을 해주어 무대에서 그의 연주를 들을 수 있었습니다. 그후로 지금까지 다른 이벤트에도 그를 게스트로 몇 번이나 초청했고 서로의 집에도 초대하는 등 형제처럼 가까이 지내고 있습니다.

　어떻게 이렇게 친해질 수 있었는지 나 스스로도 이해가 안 갑니다. 특별한 계기나 이유가 있었던 것도 아닙니다. 되돌아보면 케니 지는 처음 만났을 때부터 한결같이 온화하고 꾸밈이 없어서 함께 있으면 긴장이 풀리고 즐거웠습니다. 그러니까, 만나야 할 사람들이 만나서 친해졌다고나 할까요.

우정이란 참으로 불가사의한 현상이라는 사실을 케니 지와 친해지고서 절실히 느꼈습니다. 진정한 우정으로 맺어지면 국적도 나이도 성별도 직업도 물리적 거리도, 심지어는 시간조차 가뿐히 뛰어넘을 수 있습니다. 서로 처한 상황이 아무리 달라도, 멀리 떨어져 있어도, 설사 몇 년씩 연락하지 않아도 변함없이 서로에게 소중한 존재인 것이죠. 타인과 그런 관계를 쌓는다는 것, 이 얼마나 멋진 일입니까.

이 책에 케니 지와의 에피소드를 써야겠다고 결심하면서 그 사실을 그에게 알릴 겸 연락을 했습니다. 그리고 나에 대해서 어떻게 생각하는지도 물어보았습니다. 답장 메일을 읽으며 나는 감동으로 눈물을 흘렸습니다. 케니 지의 따뜻한 마음에 대한 감사의 의미도 겸해서 그 내용을 그대로 이 자리에 옮깁니다.

"나카지마 가오루를 '소울 브라더'라고 부를 수 있는 난 무척 운이 좋은 사람입니다. 그는 정말 특별한 사람입니다. 그가 감동하거나 흥분하거나 혹은 즐겁게 웃으면 그 감정이 주변 사람들한테까지 도미노처럼 전염됩니다. 게다가 그의 친절한 마음은 누구에게나 전해지기 때문에 그의 곁에 있으면 그 사람처럼 친절하고 관대한 사람이 되고 싶어지고 그렇게 되려고 노력하게 됩니다. 무엇보다 그는 무척이나 세련된 사람입니다. 그의 훌륭한 인간성에 관해 쓰려면 훨씬 많은 페이지가 필요하겠지만, 나카지마 가오루를 한 문장으로 표현하면 이렇습니다. '그는 자기가 원하는 대로 자신만의 삶을 살고 있습니다.' 마치 내가 나의 음악을 연주하는 것처럼요. - 케니 지."

누군가와 영혼으로 이어져 있음을 경험하는 것, 이 얼마나 행복한 삶입니까.

 **초일류를 향하여**

서로 처한 상황이 달라도, 멀리 떨어져 있어도, 설사 몇 년씩 연락하지 않아도 변함없이 서로에게 소중한 존재인 사람이 있나요? 지금 당장 그 사람에게 연락해보세요. 타인과 그런 관계를 쌓는 것, 참으로 멋진 일입니다.

# 08

# 카리스마

## CHARISMA

●

타인을
즐겁게 하는 성격,
그리고
강한 카리스마

**샤킬 오닐**

---

**샤킬 오닐(Shaquille Rashaun O'Neal)** 미국의 전 농구선수. NBA 역사상 가장 위력적인 센터 중의 한 명으로 평가된다. 1992년 올랜도매직에 입단해 94~95시즌 NBA 파이널 준우승을 차지했고, 96~97시즌 이후로는 로스앤젤레스 레이커스 소속으로 뛰며 NBA 파이널 3연패를 달성한 것은 물론 3연속 파이널 MVP로 선정되었다. 이러한 활약으로 레이커스 시절의 등번호인 34번은 영구결번으로 지정되었다. 04~05시즌부터는 마이애미히트 소속으로 05~06시즌 NBA 결승전 우승을 차지했다. 2011년 은퇴 후 현재 미국 스포츠언론 ESPN에서 해설자로 활동하고 있다. 한때 랩퍼로도 활동했다.

나는 내 사업으로 회사를 운영하고 있습니다. 그래서 직원들이 즐겁게 일하는 일터로 만들려면 어떻게 하면 좋을지를 항상 고민합니다. 게다가 친구가 리더십에 관해 상담을 해올 때도 많아서 '다른 이들이 따르고 싶어하는 사람이 되는 것'을 내 인생의 중요한 주제로 삼고 끊임없이 연구하고 있습니다.

회사의 과장이나 주임도, 학교 동아리의 부장이나 아파트 주민회장도, 혹은 누군가와 무슨 일을 하면서 자기가 리더 역할을 해야 하는 경우일 때조차 자신을 따르는 사람이 한 명이라도 있다면 그 사람은 리더입니다.

내가 리더십에 대해 고민할 때마다 떠올리는 사람이 NBA의 스타 플레이어 샤킬 오닐입니다. 농구를 잘 모르는 사람도 그의 이름 정도는 들어보았을 것입니다. 신인왕으로 시작해서 득점왕, MVP, 시즌 최다 득점 등 다수의 수상 경력과 찬란한 기록을 자랑합니다. 그는 올랜도매직의 명예의 전당에 헌액된 선수입니다.

그와는 암웨이코퍼레이션의 공동창립자 중 한 명이자 올랜도매직의 구단주이기도 한 리치 디보스의 소개로 알게 되었습니다. 샤킬 오닐과 나는 공통점이라곤 전혀 없지만, 밝고 붙임성이 좋은 그의 성격

덕분인지 어느 사이엔가 친해졌습니다. 그리고 서로를 응원하는 사이가 되었습니다. 내가 사업의 달성 이벤트를 뉴욕에 있는 라디오시티 뮤직홀에서 개최했을 때는 그가 깜짝 선물로 축하의 영상 메시지를 찍어서 보내주었고, LA레이커스로 이적한 뒤에는 자신의 시합에 나를 초대해준 적도 있습니다. 그때 라커룸에서 나에게 "이제 우리 팀에서 활약할 선수"라며 아직 입단 전인 코비 브라이언트를 소개해주었는데, '샤킬 오닐처럼 뛰어난 리더는 남의 재능도 잘 알아보고 키워주는 것도 잘하나 보다' 하고 감탄했던 기억이 납니다.

올랜도매직에서 뛰던 1994~1995시즌에는 아직 20대 초반의 젊은 나이임에도 불구하고 팀을 이끌었는데 이스턴컨퍼런스 최고 승률을 기록해 팀이 최초로 NBA 파이널에 진출하는 데 공헌했습니다. 이때 복귀한 지 얼마 안 된 마이클 조던이 이끄는 시카고불스와 준결승에서 맞붙었는데, 당시의 언론들은 모두 불스의 승리를 점쳤지만 결과는 올랜도매직의 승리였습니다.

드래프트 1순위로 화려하게 등장해 입단 초기부터 활약한 샤킬 오닐은 2미터급 장신이 즐비한 팀 내에서도 눈에 띄게 큰 체구와 빼어난 운동 실력으로 유명했습니다. 그가 팀을 훌륭히 이끌 수 있었던 이유는 단순히 신체적으로 우수해서가 아닙니다. 구단주인 리치 디보스도 언급했듯, 타인을 즐겁게 하는 성격과 강한 카리스마에 이끌려 팀원들 모두가 진심으로 그를 따랐기 때문입니다. 그 영향으로 승리 횟수가 패배 횟수를 항상 밑돌던 팀 성적은 샤킬 오닐이 합류한 첫해에 5할 승률을 달성했고, 아쉽게 지긴 했지만 플레이오프 출전권을 놓고 싸우기에 이릅니다. 그리고 다음 해에는 50승을 올리며 플레이오프에 진출했으며, 3년째에는 57승으로 드디어 파이널까지 올라갔습니다.

    샤킬 오닐에 대해 말할 때마다 나는 마치 한 세트처럼 다른 이야기를 하나 더 사람들에게 들려줍니다. 그것은 팀 최초로 파이널에 진출했을 때 구단주인 리치 디보스가 선수들을 격려하면서 "Why not us, why not now?"라고 말했다는 일화입니다. 직역하면 "왜 우린 안 되나? 왜 지금은 안 되나?"가 되겠지만 '우리라고 못 이길 이유 없고 지금 이기지 못할 이유도 없다', 즉 '우린 이길 것이고 바로 오늘 이길 것이다'라는 뜻입니다. 샤킬 오닐이 이 말을 듣고 더욱 승리의 의지를 불태웠으리란 데에는 의문의 여지가 없습니다.

    그런 샤킬 오닐이 올랜도매직의 명예의 전당에 헌액되었을 때 "올랜도를 떠난 것을 후회한다"고 했습니다. 어떻게 해서든 빨리 우승을 경험하고 싶은 마음에 이적을 결정한 과거의 자신에 대해 "조금만 더 참고 버텼더라면 팀이 더욱 강해졌을지도 모른다"며 후회했습니다. 이렇게 잘못을 인정할 수 있다는 점도 대단합니다. 약점 없이 완벽한 사람보다는 강점과 약점을 다 보여주는 인간미 넘치는 사람에게 사람들은 더욱 끌린다는 사실도 샤킬 오닐을 통해 배웠습니다. 샤킬 오닐에게는 아직도 배울 점이 많은 것 같습니다.

 **초일류를 향하여**

다른 사람들이 당신을 따르도록 만드는 당신만의 카리스마는 무엇인가요? 스스로 찾을 수 없다면 가까운 지인에게 물어보세요.

09

# 생기
## CHEERFULNESS

●

주위를
환하게 밝히는
쾌활함

**라이오넬 리치**

---

**라이오넬 리치(Lionel Richie)** 미국의 싱어송라이터로 흑인 음악의 최고봉이다. 1969년에 애틀란틱레코드사와 계약을 맺고 코모도스(Comoders)라는 그룹명으로 본격적인 음악 활동을 시작했다. 1976년부터 활약이 두드러져 〈Hello〉, 〈Say You Say Me〉, 〈All Night Long〉 등의 히트곡을 내놓으며 매력적인 음색과 풍부한 감성으로 큰 사랑을 받았다. 최근에 발표한 앨범으로는 2009년에 발표한 《Just Go》가 있다.

"가오루 씨는 참 밝으세요",

"생각보다 훨씬 대화가 편해서 놀랐습니다."

사업상 처음 만난 분들한테서 꽤 자주 듣는 말입니다. 내가 사업을 통해 달성한 여러 가지 업적을 이미 알고 있는 사람들은 만나기도 전에 '나카지마 가오루란 사람은 이 정도로 성공했으니 분명 남에게나 자신에게나 무척 엄격할 거야', '수완 좋은 사업가란 말에 딱 맞는 사람이겠지', '무서운 사람이면 어쩌지?' 하고 멋대로 상상을 하는 것 같습니다. 하지만 나를 보고 나면 전혀 그렇지 않다는 걸 바로 알게 됩니다.

'항상 밝고 행복하게 살자. 나뿐만 아니라 주위 사람들도 그렇게 살 수 있길.'

이것은 내가 유념하는 마음가짐 중 하나입니다. 이렇게 마음먹게 된 것은 라이오넬 리치와의 만남 이후부터입니다.

라이오넬 리치를 만나기 전에 나는 그의 곡인 〈세이 유 세이 미(Say You Say Me)〉를 먼저 만났습니다. 내 사업에서는 누군가 일정 기준 이상의 목표를 달성하면 성공을 자축하는 이벤트를 엽니다. 언젠가 동료가 이벤트를 연다고 해서 축하해주러 갔습니다. 그 동료가 연설할 때 흘러나온 음악이 이 노래였습니다. 곡 자체도 아름답고 드라마틱하지만, 목표 달성을 축하하는 자리라는 감동적인 상황까지 더해지니 한층 더 훌륭하게 느껴져서 박수를 치면서 눈시울이 뜨거워졌던 기억이 생생합니다.

　나 역시 그 해에 라스베이거스에서 이벤트를 열 예정이었습니다. 게스트로 빌리 조엘을 초청하겠다고 생각하던 차였는데 동료의 이벤트에서 라이오넬 리치의 음악을 듣고 나니 가까이에서 그의 노래를 듣고 싶다는 바람이 더 강렬해졌습니다. 나는 즉시 교섭을 진행했습니다. 참으로 기쁘게도 그가 초청에 응해주었고, 나는 〈세이 유 세이 미〉를 불러달라는 요청도 잊지 않았습니다.

　이벤트 당일에 분장실로 인사를 갔습니다. 그때 처음 만난 라이오넬 리치의 모습은 잊을 수가 없습니다. 일단 사람이 밝았습니다. 만면에 웃음을 띤 채 내게 다가와서는 "불러줘서 고마워요. 오늘도 잘 부탁합니다!"라고 말하는데 그 미소가 아주 인상적이었습니다. 한마디로 300와트 전구에 불이 확 들어오는 느낌이었습니다. 미소 하나만으로도 순간 주위가 환해졌거든요. 세계적인 스타인데도 이렇게 쾌활하고 명랑하다니, 정말 놀라웠습니다.

　이때 앞서 이벤트를 한 동료도 함께 있었는데, 라이오넬 리치를 초대하게 된 계기에 대해 동료의 이벤트 일화를 전했더니 무척 기뻐했습니다. 그래서 내가 "괜찮다면 〈세이 유 세이 미〉를 부를 때 내 동료를 무대로 불러서 함께 노래해주시면 안 될까요?"라고 부탁했습니다. 업계의 관행상 원래 부르기로 한 노래가 아니면 부탁해서는 안 됩니다. 나도 그 사실을 잘 알고 있었지만 말이나 한번 해보자는 심정으로 부탁했습니다. 조마조마해하며 대답을 기다렸는데 단박에 "OK!"랍니다. 오히려 우리가 깜짝 놀랐습니다.

　공연이 시작되자 사람들은 라이오넬 리치의 매력적인 음색에 빠져들었습니다. 그런데 공연이 중반으로 접어들 무렵 그가 "나카지마 씨! 당신의 파티입니다(Mr. Nakajima! Your party!)"라며 웃는 얼굴로 나와 내 동료를 무대 위로 불러 올렸습니다. 우리는 〈세이 유 세이 미〉를 다 같이 노래했습니다! 공연장의 모든 관객도 따라 불렀습니다. 라이오넬 리치는 만면의 미소로 화답을 했습니다. 그날 밤, 라스베이거스의 이벤트장은 열기로 후끈 달아올랐습니다. 내게는 라이오넬 리치의 쾌활함과 사람들에게 즐거움을 주는 재능, 스스로 즐기는 재능까지 지척에서 지켜본 멋지고도 소중한 시간이었습니다.

이 이야기에는 짧은 후일담이 있습니다. 내 이벤트에 참가하기 위해 교토에서 온 또 다른 동료가 다음날 LA로 이동해서 맥스필드라는 편집매장에 쇼핑을 하러 들렀습니다. 가게 안으로 들어간 순간, 안쪽에서 점원과 손님이 큰소리로 웃으면서 즐겁게 대화하는 소리가 들렸다고 합니다. 누가 무슨 일로 이렇게 신이 났을까 궁금해하는 그의 귀에 '나카지마'란 단어가 날아들었습니다. 놀랍게도 그 손님은 라이오넬 리치였고, 점원에게 전날 내 이벤트에서 있었던 일을 이야기하고 있었습니다.

가벼운 패닉에 빠진 내 동료가 그들에게 다가가서 "저는 나카지마 씨의 친구인데, 어제 그 자리에 저도 있었습니다"라고 말했더니 "와우! 그랬군요!"라며 라이오넬 리치가 기쁜 얼굴로 환영해주었다고 합니다. 가게 바깥에까지 들릴 만큼 큰 목소리로 "어제 나카지마 씨의 파티는 정말 즐거웠죠!"라고 말하는 그의 얼굴이 정말 기뻐 보였다는데, 그에게도 좋은 시간이었다니 다행입니다. 함께 있는 사람까지 덩달아 즐거워지는 그의 쾌활함과 명랑함을 배운 보답으로는 파티에서 느낀 즐거움이 너무 부족한 건 아닌지 모르겠습니다.

**초일류를 향하여**

주변을 환하게 밝히는 당신만의 에너지를 찾아보세요. 혼자 찾기 어렵다면 가까운 지인에게 물어보세요.

## 10

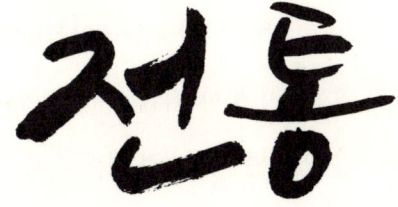

# 전통
## TRADITION

나라 사랑하는
마음을
과감히 실천한다

**나카타 히데토시**

**나카타 히데토시(中田英寿, Nakata Hidetoshi)** 일본의 축구 선수. 1995년 쇼난 벨마레에 입단하며 데뷔했다. 1998년부터 이탈리아에서 선수 생활을 하다가 2005~2006년에 잉글랜드에서 활동했다. 여러 차례 월드컵 일본 국가대표로 활약했다. 1997~1998년에 아시아축구연맹(AFC) 올해의 선수상을 수상했다. 2006년에 현역 은퇴를 선언하고 2009년부터 국제축구연맹 홍보대사로도 활동하고 있다. 수려한 외모로 방송 활동도 하고 있다. 2011년에는 제27회 코리아 베스트드레서 시상식에서 글로벌 어치브먼트상을 수상했다.

나는 몰랐던 것을 새로 알아가는 것을 좋아합니다. 호기심이 강하기 때문에 지금까지 경험하지 못한 직업을 가진 사람이나 나와 전혀 다른 삶을 사는 사람을 만나면 이것저것 물어보고 다양한 지식을 나눕니다.

당신은 평소에 어떤 사람들과 친하게 지내나요? 같은 회사에 다니는 사람, 같은 학교에 다니는 사람, 이웃 사람, 취미를 계기로 알게 된 동호인 등 지인들을 잠깐 떠올려봅시다. 그중에서 당신과 하는 일이나 처지가 전혀 다른 사람, 혹은 당신이 전혀 모르거나 흥미가 없는 분야에 정통하거나 능숙한 사람은 몇이나 됩니까?

사람들은 대부분 마음이 편한 장소나 사람을 좋아합니다. 다시 말해 변화나 '나와 다른 사람'과 사귀기를 그다지 반기지 않습니다. 하지만 내가 속한 세계를 넓힌다는 의미에서 익숙하지 않은 요소를 받아들이는 태도는 매우 중요합니다. 그런 태도가 인생의 강도와 깊이, 광채를 더해줍니다.

히데라는 애칭으로 불리는 전 축구선수 나카타 히데토시 역시 그런 식으로 내 인생을 더욱 멋지게 만들어준 한 사람입니다.

그와는 한 여성 성악가를 통해 알게 되었습니다. 더페닌슐라도쿄

호텔에 있는 중식당에서 함께 식사를 한 것이 첫 만남입니다. 내가 축구에 대해 잘 모르는 까닭에 서로 깊은 대화는 나누지 못하고 인사 정도만 하고 헤어졌습니다. 그런데 그에게서 풍기는 독특한 분위기 때문인지 좀 더 깊이 있는 대화를 나눴으면 하는 아쉬움이 마음에 남더군요.

그런데 재미있게도 의외의 장소에서 그와 자주 마주쳤습니다. 그것도 축구와는 아무런 상관도 없는 장소에서 말입니다. 예를 들면, 로베르토 카발리라는 디자이너가 "일본에 온 김에 식사나 한번 하시죠" 해서 나갔더니 나카타 히데토시도 앉아 있더군요. 톰 브라운이라는 패션 디자이너의 이벤트에 초대받아 갔을 때도 나카타 히데토시가 있었습니다. 이렇게 자주 마주치면서 우리는 친해졌습니다.

그는 2006년에 은퇴했습니다. 많은 사람들이 그를 두고 해설자나 감독이 될 것이라고 예상했습니다. 그런데 모두의 예상을 깨고 그는 "견문을 넓히면서 내가 할 수 있는 일을 찾고 싶다"며 세계 각지를 여행했습니다. 그 뒤에는 '테이크 액션 재단(Take Action Foundation)'이라는 재단법인을 설립해서 전통문화나 공예 활동 등을 지원하는 프로젝트를 발족시켰습니다. 그 일환으로 다양한 장인들의 작품을 경매에 올리는 자선 파티를 열고 있는데, 나도 그 경매에 참가해 작품 몇 개를 낙찰받기도 했습니다. 대나무로 만든 다선(茶筅) 오브제나 화지(和紙)로 만든 지구의 등인데, 하나같이 정말 놀라운 작품들입니다.

해외의 멋진 장소를 여기저기 돌아다니다 보면 우리나라의 아름다움이나 쾌적함, 문화의 우수성을 실감할 때가 있습니다. 나카타 히데토시 역시 이탈리아와 영국 등지에서 오래 살았고 은퇴 후의 여행 경험까지 더해지면서 우리나라 전통문화의 훌륭함을 깨닫고 이런 활동을 시작하지 않았나 싶습니다. 나도 우리나라를 사랑하고 전통문화를 좋아하지만 그것과 관련된 활동을 하지는 않습니다. 다른 사람들도 대부분 그렇지요.

하지만 나카타 히데토시는 나라를 사랑하는 마음을 구체적인 형태로 실천하고 있습니다. 그것도 그만의 독특하고도 산뜻한 방식으로요. 축구로 성공한 사람이 여전히 축구를 소중히 여기면서 또 다른 분야에서 자신이 하고 싶은 일과 방향성을 발견하고 훌륭한 결과까지 내고 있으니 대단하다는 말이 절로 나옵니다. 나는 아직까지는 경매에 참가하는 정도의 도움밖에는 주지 못하지만, 할 수만 있다면 뭔가 힘을 더 보태고 싶습니다.

나카타 히데토시가 다음에는 무슨 일을 벌일지, 어떤 이야기로 사람들을 놀라게 할지 기대가 됩니다.

 **초일류를 향하여**

당신은 자신이 태어나고 자란 나라에 대해 어떻게 생각하나요? 우리나라의 전통문화 중에서 관심 있는 부분이 있나요? 그것을 알리기 위해 어떤 활동을 할 수 있을까요?

## 11

# 소탈함

## FRIENDLINESS

●

매력이란
이런 것

**제니퍼 로페즈**

---

**제니퍼 로페즈(Jennifer Lopez)** 미국의 배우, 댄서, 패션 디자이너, 영화감독, 가수 등 다양한 분야에서 활동하고 있다. 1986년에 영화 〈나의 작은 소녀〉에 단역으로 나오면서 데뷔했다. 2007년 포브스가 선정한 할리우드 사상 최고로 부유한 라틴계 인사이며, 2005년에는 타임이 선정한 '가장 영향력 있는 히스패닉계 미국인 25인' 가운데 한 명으로 꼽힐 정도로 미국에서 영향력 있는 연예인이다. 다수의 수상 경력이 있으며, 2007년에는 제57회 베를린 국제영화제 앰네스티예술가상을 수상하기도 했다.

나는 사업상 국내외에서 열리는 다양한 이벤트나 파티에 참석하는 일이 자주 있습니다. 그곳에 가면 기업의 수장은 물론 인기 배우, 일류 아티스트, 슈퍼모델, 프로 운동선수 등 누구나 인정하는 유명인과 '명사'라 불리는 사람들과 만날 기회가 많습니다. 화려한 사람들을 만나면서 실감한 것은 '일류일수록 타인을 대하는 태도가 훌륭하다'는 점입니다. 옆에서 아무리 칭찬하고 띄워줘도 절대 잘난 척을 한다거나 무례하게 행동하지 않습니다. 행동으로 보나 말씨로 보나 예의에 어긋남이 없어서 '된 사람'이란 인상을 주고, 보는 사람은 '일류라 다르구나' 하고 감탄하게 됩니다. 그런데 초일류는 이보다도 한 수 위라는 사실을 알게 되었습니다. 상대방이 당황할 정도로 소탈합니다.

이 책에 소개한 초일류들 역시 하나같이 소탈한 사람들입니다. 그중에서도 내가 진심으로 놀랐던 사람이 제니퍼 로페즈입니다.

그녀와 처음 만난 때는 2013년 2월이었습니다. 오사카 교세라돔에서 일본암웨이의 이벤트가 있었는데 클린턴 전 대통령과 나는 초청 연사로, 제니퍼 로페즈는 엔터테인먼트 게스트로 초대되었습니다. 그녀와 대화를 하면서 정말 놀랐습니다. 누가 뭐라 해도 마돈나와 레이

디가가 등을 제치고 2012년 포브스에서 선정한 '가장 영향력 있는 유명인' 1위에 뽑힌 인기 아티스트이자 여배우 아닙니까? 유명인사란 말에 딱 어울리는 사람이겠거니 했는데 내 예상을 백팔십도 뒤집을 만큼 그녀는 소탈했고, 친절함은 그 누구도 따라갈 수 없을 정도였습니다. 방긋방긋 웃는 얼굴로 부담 없이 말을 건네니 대화는 당연히 즐거웠습니다. 무대 위에서는 무명 시절에 오사카에 잠깐 있었다며 "오사카는 정말 좋은 곳이에요!"라고 말을 해준 덕분에 이벤트도 성황리에 끝났습니다.

　우리의 인연은 이게 다가 아닙니다. 이 일이 있은 뒤 암웨이가 '트루비비티(TRUVIVITY)'라는 콜라겐 영양제를 새로 출시할 때 놀랍게도 그녀가 뮤즈가 되었습니다. 그녀 정도의 유명인이 일용품 회사의 카탈로그에 실리다니, 보통 때에는 생각도 못 할 일입니다. 제니퍼 로페즈 측에서도 원래는 기업이나 상품의 이미지 모델 일은 하지 않는다는데, 암웨이의 상품이라면 믿을 수 있고 실제로 써보니 마음에도 들어서 모델 제안을 받아들였다고 하더군요. 그래서 프로모션용 DVD를 촬영하게 되었고, 나 역시 초대를 받아 LA에서 그녀와 재회했습니다.

만나자마자 "나카지마 씨!"라며 반갑게 인사를 하는 모습에서 다시 한 번 놀랄 정도의 소탈함을 느꼈습니다. 신상품을 주제로 신나게 대화하고, 교세라돔에서의 이벤트를 화제로 시종 화기애애한 분위기 속에서 촬영을 마쳤습니다. 촬영 장소로 향하기 전에 그녀에게 줄 선물로 LA의 편집매장에서 스카프를 사 갔는데 "어머나 기뻐라!"라며 반갑게 받아주었습니다. 게다가 촬영 내내 그 스카프를 두르고 있었습니다. 정말 기쁘다는 얼굴로 스태프에게 "어울려요?" 하고 물어보기까지 하면서요.

그녀가 왜 그렇게까지 인기가 높은지, 왜 '가장 영향력 있는 유명인' 1위에 선정되었는지 알 것 같았습니다. 원래부터 무척 아름다운 사람인 데다 때론 섹시하고 때론 귀여워서 그것만으로도 충분히 매력이 있지만, 자신에게 향하는 애정을 솔직하게 받아들이는 재능이 주변 사람들을 기쁘게 할 만큼 뛰어났습니다. 그리고 자신이 받은 애정을 '응원해줘서 고마워요', '사랑해줘서 고마워요', '인정해줘서 고마워요'라는 마음으로 받아들이고 받은 것 이상을 사람들에게 되돌려줍니다. 그런 그녀의 진심이 전해지기에 보면 볼수록 그녀가 더 좋아지고 응원하게 되고 존경하게 되는 것 같습니다.

'매력'이라는 말에는 가까이 끌어당긴다는 의미가 내포되어 있는데, 그녀의 매력은 사람들을 끌어당길 뿐만 아니라 사람들이 스스로 다가가게 만드는 꾸미지 않은 순수한 광채와도 같습니다. '남이 좋아해주기 전에 내가 먼저 좋아한다. 그래서 더욱 사랑받는다'는 선순환의 좋은 예입니다. 그녀만큼은 어렵겠지만, 나도 그녀처럼 누구에게나 열린 마음으로 사람들을 대할 수 있으면 좋겠습니다.

 **초일류를 향하여**

다른 사람에게 칭찬을 들었을 때 당신은 어떤 반응을 보이나요? '응원해줘서 고마워요', '사랑해줘서 고마워요', '인정해줘서 고마워요'라는 마음으로 받아들이고 솔직하게 감정을 드러내는 연습을 오늘부터 해보세요.

## 12

# 집중력

## CONCENTRATION

•

"지금 이 순간에
집중하고
그 상황을 즐긴다"

로저 페더러

---

**로저 페더러(Roger Federer)** 스위스의 프로 테니스 선수. 많은 스포츠 전문가들과 비평가들, 전·현역 선수들이 역사상 최고의 선수로 꼽는다. 2004년부터 2008년까지 237주 연속 세계 랭킹 1위를 기록해 역대 최장 연속 랭킹 1위 기록을 세웠으며, 총 302주간 세계 랭킹 1위를 기록했다. 이 외에 그가 선수 생활을 하면서 이뤄낸 뛰어난 성적들과 기록들을 인정받아 2005년부터 2008년까지 4년 연속 로레우스 올해의 세계 스포츠인상을 수상했다.

보는 종목으로든 직접 하는 종목으로든 나는 스포츠 중에서 테니스를 가장 좋아합니다. 그런 내가 무척 좋아하는 테니스 선수 중 한 명이 로저 페더러입니다. 그는 2001년 윔블던 16강전에서 당시 세계 랭킹 1위로 압도적인 전력을 자랑하던 피트 샘프라스를 격파한 뒤 순식간에 랭킹을 올려서 넘버원의 자리에 등극했습니다. 그랜드슬램 남자 싱글 최다 우승, 역대 최장 세계 랭킹 1위, 통산 최다 상금 등 다수의 기록을 갈아치운, 사상 최강의 만능 선수라 해도 과언이 아닌 선수입니다.

나는 스케줄이 허용하는 한 국내외를 불문하고 그랜드슬램 4대 대회를 관전하러 가는데, 다양한 코트에서 여러 모습의 페더러를 볼 때마다 다른 선수들에 비해 집중력의 기복이 정말 작다는 생각을 합니다. 물론 그도 사람인지라 실수를 할 때도 있고, 컨디션이 최고가 아닐 때도 있으며, 결과적으로 패배할 때도 있습니다. 하지만 다른 선수들에 비해 컨디션이 난조를 보이거나 실수하는 일이 적을뿐더러 실수를 하고 마음이 흔들려 경기의 흐름을 깨는 일도 극히 드문 것 같습니다. 코트 옆에서 보건 TV로 보건 마찬가지였습니다. 그런 그의 경기 태도는 내게는 교과서이자 동료들과 모여서 심야 테니스를 치게 하는 자극제입니다.

언젠가 심야 테니스 모임에서 동료와 랠리를 하다가 "만약 선수와 시합을 할 수 있다면 누구랑 할까?"라는 말이 나왔습니다. 모두 저마다 좋아하는 선수의 이름을 댔는데, 나는 로저 페더러랑 시합해보고 싶다는 생각을 했습니다. 그런데 신의 조화가 있었는지 어느 날 그 바람이 현실이 되었습니다.

친구와 함께 아리아케 콜로세움으로 ATP 투어 대회(프로테니스협회에서 주최하는 세계 남자 테니스 투어)의 토너먼트를 보러 갔을 때의 일입니다. 그날은 선수끼리의 시합 외에도 현장에서 추첨으로 뽑힌 일반 관객이 선수와 시합하는 코너가 있었습니다. 과연 누가 어떤 선수와 시합할까 궁금하던 차에 장내 방송이 시작되었습니다. 그런데 방송 아나운서가 "페더러 선수와 시합하실 분은…… 세타가야구(區)에서 오신 나카지마 가오루 씨입니다"라고 외치는 것이 아닙니까!

어떻게 된 일인가 했더니 경기장에 입장할 때 적어 낸 앙케트 덕분이었습니다. 경기장에 들어오는데 용지 비슷한 것을 나눠주기에, 평소라면 받지 않았겠지만, 받아서 착실하게 써 냈습니다. 무엇을 위한 앙케트인지 제대로 읽지도 않고 제출해서 내용도 기억나지 않는 마당에 '이걸 써서 내면 선수 중 한 명과 시합할 수 있을지도 몰라'와 같은 계산 따위가 머릿속에 있었을 리 없었습니다. 그런 내가 당첨이 되었고, 게다가 상대 선수가 페더러라니…… 혼란스러웠습니다. '어쨌거나 나는 코트로 나가서 페더러와 시합을 해야 한다'는 사실만이 머릿속을 가득 채웠습니다.

그때 나는 집에서 입고 온 티셔츠 차림이었습니다. 단장할 새도 없이 그 차림 그대로 코트로 나갔더니 페더러가 있었습니다. 얼떨떨한 표정으로 서 있는 나에게 그가 말했습니다. "첫 서브 때는 당신이 절대 받을 수 없는 공을 칠 겁니다." 그 말대로, 정신 차리고 보니 이미 공은 내 옆을 스치고 지나갔고 관객들은 한껏 신이 났더군요. 잔뜩 긴장한 데다 너무나 빠른 공의 속도 때문에 굳어 있는 내게 페더러가 빙긋 웃으며 "다음 공은 받을 수 있을 겁니다"라고 말했고, 그가 친 느린 공을 내가 받아치고 다시 그가 받아치면서 랠리가 이어졌습니다. 꿈같은 몇 분이었습니다.

경기가 끝나고 함께 기념 촬영을 한 뒤 사인이 들어간 테니스웨어를 받았는데, 팬으로서 소름이 돋을 정도로 감격했습니다. 동시에 '어떤 상황에서든 집중해서 경기를 완수하고 그 자체를 즐긴다'는 그의 경기 태도에 가슴 깊이 감동했습니다. '이런 일쯤이야 흔한 팬 서비스의 하나'라고 여기고 얼마든지 적당히 할 수도 있었을 텐데, 그는 코너가 진행되는 내내 거드름을 피우지도 않았고 그렇다고 대충 시간만 때우지도 않았습니다. 프로로서 제대로 나를 상대해줬고, 매우 유쾌한 태도로 다양한 플레이를 보여주었습니다. 이래서 랭킹 1위구나 싶었습니다. 굳이 테니스가 아니더라도 평소 이런 태도로 일에 임할 수 있다면 결과가 나쁠 수 없을 테니, 나도 그의 경기 태도를 사업에 적용해보자는 생각도 들었습니다.

한 분야에서 최고의 자리에 오른 사람들한테는 배울 점이 정말 많다는 사실을 실감한 하루였습니다.

 **초일류를 향하여**

누굴 상대하든, 어떤 상황이 벌어지든 집중하며 즐길 수 있는 일이 있습니까? 아직 없다면 당신이 하는 일이나 행동 중에 집중력을 발휘할 수 있는 일들을 리스트로 작성해보세요. 그리고 '집중하며 즐길 수 있는 일'로 발전시키세요.

## 13

# 감동
## EXCITEMENT

●

느낌표를
선물할 줄 아는
멋진 사람

**베이비페이스**

---

**베이비페이스(Babyface)** 미국의 R&B 가수이자 작곡가. 특히 작곡가로서의 활약이 뛰어나다. 바비 브라운의 솔로 앨범을 프로듀싱했고, 1989년에 LAFACE Rable을 공동설립해 TLC와 토니 브랙스톤을 데뷔시켰다. 휘트니 휴스턴의 〈I'm Your Baby Tonight〉와 〈Exhale(Shoop Shoop)〉로 1위, 보이즈투맨의 〈End of the Road〉와 〈I'll Make Love To You〉로 빌보드 100차트에서 1위, 마돈나의 〈Take A Bow〉로 7주 동안 빌보드차트에서 1위를 하는 것은 물론, 에릭 클랩튼의 〈Change the World〉를 프로듀싱해서 그래미어워드에서 우승을 했다. 그 외 다수의 히트곡을 작곡해 그래미어워드에서 베스트 프로듀서상을 3년 연속 받았다.

최근 감동한 일이 있다면 어떤 일입니까?

'감동'이라고 하니까 뭔가 엄청난 일이 있어야 한다고 생각할 수도 있습니다. 하지만 그렇지 않습니다. 감동이란 뭔가를 느껴서 마음이 움직이는 것, 즉 느낌표가 달린 말이 나오면 그것이 곧 감동입니다.

하루에 몇 번이나 당신이 하는 말 뒤에 느낌표가 붙습니까?

사소한 일이라도 상관없습니다. 아침부터 날이 화창하다면 "날씨 좋다!", 어려운 일을 끝냈다면 "고비를 넘겼다!", 여행 다녀온 친구가 준 선물을 받고서 "마음에 쏙 들어!", 맛난 음식을 먹으며 "정말 맛있어!", 아름다운 무언가를 보고서 "예쁘다!"만으로도 충분합니다.

감동은 매우 중요합니다. 나는 항상 친구들에게 '감동은 삶의 지위'라고 말합니다. 살아가는 동안 얼마나 감동할 수 있는지가 삶의 질을 결정한다 해도 과언이 아닙니다. 나는 기본적으로 호기심이 강하고 흥미가 넘치는 사람이라 무엇이든 바로 "이게 뭐지? 가르쳐줘!" 하며 달려들고, 새로운 무언가를 알게 되면 "굉장한데!", "재미있어!" 하다가 결국에는 "나도 해볼래!" 합니다. 마음이 움직이는 것만으로도 인생은 크게 변화하지만, 몸까지 움직인다면 생각지도 못한 좋은 일이 일어납니다.

　감동으로 시작해서 다시 꼬리에 꼬리를 물고 다양한 감동이 찾아온 만남이 있습니다. 바로 베이비페이스와의 만남입니다.

　그의 곡 중에서 정말 좋아하는 노래가 〈에브리타임 아이 클로즈 마이 아이스(Every Time I Close My Eyes)〉인데, 처음 듣고 너무나 아름다워서 '진짜 끝내주는 곡이야!! 정말 좋잖아!!'라며 느낌표를 연발했습니다. 알아보니 이 곡은 제40회 그래미어워드에서 최우수 팝 솔로 퍼포먼스 부문에 이름을 올렸고, 더군다나 내가 좋아하는 머라이어 캐리가 피처링하고 친구인 케니 지는 색소폰으로 참여했더군요. '우와, 뭐야! 굉장한 우연이잖아!'라며 다시 한 번 감동했습니다.

　이건 인연임에 틀림없다고 멋대로 단정 짓고서 예정돼 있던 내 이벤트에 엔터테인먼트 게스트로 그를 초대했습니다. 나중에 알아보니 그는 가수인 동시에 마돈나, 휘트니 휴스턴, 에릭 클랩튼, 보이즈투맨 같은 초일류 아티스트들의 프로듀서로도 활동한 대단한 사람이었습니다. 그런 그에게 "당신의 멋진 곡을 정말 좋아합니다!"라며 공연을 요청해도 될까 하는 걱정이 앞선 것이 사실입니다. 그러나 우리가 워낙 열렬히 부탁한 덕분인지 그는 흔쾌히 승낙했고, 느낌표로 가득 찬

성공적인 무대를 만들어주었습니다.

공연이 끝난 뒤 매니저와 밴드 멤버들, 스태프들까지 불러서 내 집에서 다 함께 초밥을 먹었는데, 크게 기뻐하는 베이비페이스를 보면서 '이 자리에서 〈에브리타임 아이 클로즈 마이 아이스〉를 불러주면 얼마나 좋을까' 하는 생각이 들었습니다. 마침 집에는 규모가 꽤 큰 노래방 기계가 있었고, 생각나면 즉시 행동으로 옮기는 나는 "노래방 기계를 써본 적 있어요?" 하고 물었습니다. 없다고 대답하기에 재빨리 곡을 선택해서 마이크를 건넸습니다. 나의 행동에 그의 매니저는 어리둥절해하고 이벤트 회사 사람들은 패닉에 빠졌지만 정작 베이비페이스는 아무렇지 않게 노래를 시작했습니다! 노래 중간부터는 밴드 멤버들도 함께 불렀습니다. 분위기에 도취된 그는 연달아 몇 곡을 더 노래했고, 나는 감동받아서 감탄사 말고는 아무 말도 나오지 않았습니다.

남을 감동시킬 수 있다는 것은 커다란 재능이라고들 하는데, 그의 뛰어난 노래와 작곡 재능은 진정 하늘이 준 선물인 것 같습니다. 이날의 일은 이벤트 공연을 포함해서 너무나 멋졌기에 나는 한동안 그가 내게 준 감동에 대해 계속 떠들고 다녔습니다.

우리는 그날 이후로 완전히 가까워졌는데, 재미있는 후일담이 있어 소개합니다.

얼마 뒤 내가 미국에 갔을 때 케니 지의 집에 들렀더니 친한 아티스트들을 잔뜩 불러놓고 기다리고 있었습니다. 나를 놀라게 하려고 유명한 사람들을 모았는데, 그중에 베이비페이스는 없었습니다. 케니 지가 "베이비페이스도 오고 싶어 했지만 오늘이 그의 결혼식이라서 못 왔어요. 가오루를 못 본다고 아쉬워하더라구요!"라고 말해주는데 감격과 감동을 뛰어넘어 경악할 지경이었습니다. 다음에 만날 때는 내가 그에게 감동을 선물할 수 있도록 방법을 찾아봐야겠습니다.

 **초일류를 향하여**

최근 가장 감동받은 일은 무엇인가요? 최근 누군가를 감동시킨 일이 있나요? 감동을 선물받고 선물하는 사이에 당신의 삶은 훨씬 윤택해질 것입니다.

## 14

# 취향

## TASTE

●

"물에 비치는 빛처럼
아름답게 빛나는 것을
내 손으로
만들어보고 싶다"

**에디엔느**

---

**에디엔느(Édeenne)** 캐나다의 보석 디자이너. 대학원에서 영화를 공부하고 영화 업계에서 활약한 뒤 45세에 보석학 학위를 취득, 주얼리 디자이너의 길로 들어섰다. 시작은 늦었으나 뛰어난 재능을 인정을 받아 모나코 왕실, 셀린 디온, 뤽 베송 같은 쟁쟁한 고객 리스트를 거느리고 있다. 초일류 주얼리 브랜드들의 스카우트 제의를 뿌리치고 자신의 브랜드를 론칭했다.

내 친구 중에 에디엔느라는 여성이 있습니다. 캐나다 출신의 하이 주얼러(high jeweler)입니다. 그녀의 이력은 좀 특이합니다. 대학원에서 영화를 공부해서 영화 업계에서 활약한 뒤에 45세의 나이로 보석학 학위를 취득해 주얼리 디자이너의 길로 진출했습니다. 시작 자체는 늦었으나 그 재능은 금세 꽃을 피워 눈 깜짝할 사이에 최고의 주얼리 디자이너로 인정받았습니다. 그의 고객 리스트에는 모나코 왕실, 셀린 디온, 뤽 베송 같은 쟁쟁한 이름들이 즐비합니다. 그런 그녀에게 이름난 주얼리 브랜드들의 스카우트 제의가 산처럼 쌓였지만, 다 거절하고 자신의 브랜드를 론칭했습니다.

그녀의 작품에는 식물이나 동물, 어릴 적 추억, 동화, 영화, 인물 등 다양한 장르에서 받은 영감이 표현돼 있고 작품마다 스토리가 있습니다. 나도 브로치 등 에디엔느의 작품을 몇 개 갖고 있는데, 몸에 착용할 때는 물론이고 보고만 있어도 그녀가 만들어내는 꿈결 같은 세계에 빨려 들어가는 느낌을 받습니다. 주얼리를 액세서리에서 예술의 영역으로까지 끌어올린 그녀의 작품 감각은 정말 대단합니다. 머지않아 일본에서도 전시회가 열릴 것이라 예상하는데, 그때는 많은 사람들이 꼭 보았으면 합니다.

평소에 나는 '감각'을 무척 중시합니다. 옷이나 구두 같은 패션 감각은 물론 요리, 음악, 대화, 문장에 이르기까지 온갖 분야에 대한 감각을 최대한 갈고 닦고 싶습니다. 어떤 분야에서건 감각적인 사람은 인생을 세련되게 즐길 줄 알기 때문입니다.

감각이란 말의 의미를 생각해보면 의외로 애매모호합니다. 감각, 사고, 양식, 판단 등 여러 가지로 쓰이니까요. 그래서 나는 감각을 '큰 차이를 만들어내는 작은 차이를 다룰 줄 아는 역량'쯤으로 정의합니다. 사물의 아주 작고 사소한 차이가 놀랄 정도로 큰 차이를 만들어내기 마련이므로 이 작은 차이를 적절히 다룰 수만 있다면 인생의 모든 상황에서 굉장한 도움이 됩니다. 왜냐하면 감각적인 사람은 마찬가지로 감각이 좋은 사람을 끌어당기기 때문입니다.

감각은 누구나 갖고 있지만 갈고 닦지 않으면 좋아지지 않습니다. 이 말은 감각도 갈고 닦을 수 있다는 뜻입니다. 방법은 많습니다. 예를 들면 아름답고 질 좋은 것을 적극적으로 찾아보고 느낄 것, 감각적인 사람을 흉내 낼 것, 매사를 호기심을 가지고 바라보고 일단 받아들일 것, 지나치게 생각에 얽매이지 말고 순순히 직감을 따를 것 등입니다. 이렇게 하다 보면 조금씩 바뀌어가는 자신을 실감할 수 있을 것입니다.

 그리고 보니 에디엔느가 주얼러를 목표로 삼은 계기도 직감과 연관이 있습니다. 어느 날 스쿠버다이빙으로 바다에 잠수했는데 물속에서 빛이 흔들리는 모습에 마음을 빼앗겨서 '이렇게 아름답게 빛나는 것을 내 손으로 만들어보고 싶다'는 생각을 했다고 합니다. 그녀는 감동하는 감각도 타고났나 봅니다.

 에디엔느와 알게 되고 그녀의 감각에 영향을 받은 덕분에 나는 수많은 사람들을 만날 수 있었습니다. 그중에는 나폴레옹의 후손도 있었습니다.
 어느 날 파리에 갔는데, 마침 에디엔느가 오르세미술관에서 개인전을 열고 있다기에 보러 갔습니다. 견학하면서 에디엔느를 찾아다니다가 미술관 한 구석에서 인터뷰 비슷한 것이 시작되기에 들여다보았습니다. 그곳에는 샤를 마리 제롬 빅토르 나폴레옹 보나파르트가 인터뷰에 응하고 있었습니다! 나폴레옹 보나파르트의 직계 후손은 아니고, 그의 동생인 제롬의 후손이라고 하더군요. 세계사에 등장하는 사람의 후손을 눈앞에서 보며 얼떨떨해 있는데, 그곳에 있던 관장이 그를 소개해줘서 통역을 끼고 짧게나마 대화를 나누었습니다. 몇 년인가 전에 일본에서 나폴레옹전이 개최된 일 등을 이야기하면서 새삼 '잘난 사람은 잘난 사람과 인연을 맺는구나'를 실감했고, 이런 만남이 찾아온 것을 보면 내 만남의 감각도 조금은 나아졌구나 하는 생각에 뿌듯했습니다.

당신도 꼭 다양한 감각을 갈고 닦아서 삶의 감각까지 연마하길 바랍니다.

 **초일류를 향하여**

이론보다 직감! 다음을 매일 연습하며 감각을 키우세요.

- 아름답고 질 좋은 것을 적극적으로 찾아보고 느낄 것
- 감각적인 사람을 흉내 낼 것
- 매사를 호기심을 가지고 바라보고 일단 받아들일 것
- 지나치게 생각에 얽매이지 말고 순순히 직감을 따를 것

# 15

# 열정
## ENTHUSIASM

●

보는 사람까지
기쁘게 만드는,
좋아하는 일에 바치는
에너지

**피보 브라이슨**

---

**피보 브라이슨(Robert Peabo Bryson)** 미국의 가수. 1978년에 정식으로 데뷔했다. 데뷔 앨범 《Reaching For The Sky》에 수록된 〈Feel The Fire〉가 크게 사랑을 받으면서 이 앨범은 골드 레코드가 되었고, 두 번째 앨범 《Crosswinds》 역시 골드 레코드를 기록했다. 이후 〈Tonight I Celebrate My Love〉가 공전의 히트를 기록하면서 톱스타가 되었다. 영화 〈미녀와 야수〉의 주제곡 〈The Beauty And The Beast〉를 불러 1992년도 64회 아카데미 시상식에서 최우수 주제가상을 수상했다. 흑인이면서도 백인 여성들에게 많은 사랑을 받고 있다.

'일이든 취미든 지금의 일을 좋아하고 그 일에 집중하며 마음껏 즐긴다.'

이것은 내가 항상 지키는 원칙 중 하나입니다. 어떤 일이든 내가 지닌 모든 열정을 기울인다는 뜻입니다.

내 친구나 회사 직원들 중에도 이런 유형의 사람들이 정말 많은데, 특히나 열정이 남다르다고 감탄한 사람이 피보 브라이슨입니다.

그는 아카데미상과 그래미상을 수상한 미국의 가수입니다. 그의 이름을 기억하지 못하는 사람도 디즈니 애니메이션 〈미녀와 야수〉의 주제가 〈뷰티 앤드 더 비스트(Beauty and the Beast)〉나 〈알라딘〉의 테마곡 〈홀 뉴 월드(Whole New World)〉를 부른 사람이라고 하면 "아, 그 목소리!"라고 알아챕니다. 전자는 셀린 디온과, 후자는 레지나 벨과 듀엣으로 불렀는데 두 곡 모두 영화와 함께 큰 인기를 얻었습니다.

어느 해인가 요코하마 아레나에서 내가 이벤트를 개최했을 때 엔터테인먼트 게스트로서 노래해준 일을 계기로 그와 가까워졌습니다. 원래부터 일본을 좋아했는지 몇 번이나 방일 콘서트를 열었는데, 내 이벤트 때도 역시나 훌륭한 무대를 보여주었습니다.

인기도 실력도 나무랄 데 없는 베테랑 가수인 그는 노래도 훌륭하지만, 노래할 때의 에너지가 엄청납니다. 리허설 때부터 '굳이 저렇게까지 열심히 하지 않아도 될 텐데'라고 생각될 정도로 열정과 혼을 담아, 그리고 그 이상이 없을 정도로 정말 즐겁게 노래합니다. 가장 대단한 점은 그렇게 전력투구로 노래하는데도 괴로워 보인다거나 억지로 하는 듯한 기색이 전혀 없어서 듣는 사람들의 기분이 좋아진다는 것입니다. 새삼스럽게 이런 말을 하는 것도 웃기지만, '아 이 사람은 노래하는 게 너무 좋아서 어쩔 줄을 모르는구나' 하는 생각이 들면서 그의 노래에 푹 빠져듭니다.

한번은 스태프들과 함께 내 집에서 노래방 기계로 자기 곡을 부른 적이 있었습니다. 사실 이때 그의 매니저가 "노래방 같은 건 안 합니다"라고 이미 못을 박아둔 상황이었습니다. 하지만 나는 그런 말에 단념하지 않습니다. 슬며시 노래방을 제안할 기회를 엿보고 있었죠. 기회는 의외로 빨리 찾아왔습니다.

나는 그날 톰 브라운의 분홍색 재킷을 입고 있었는데 피보 브라이슨이 "재킷 멋진데요! 어느 브랜드라고요? 톰 브라운? 근사한데요"라며 거듭 칭찬했습니다. 그래서 내가 "그렇게 마음에 들면 가질래요? 대신 노래 한 곡 어때요?"라고 물었습니다. 그러자 즉시 "OK!"라는 답이 돌아왔습니다. 그래서 내가 특히 좋아하는 〈투나잇, 아이 셀러브레이트 마이 러브(Tonight, I Celebrate My Love)〉를 신청했습니다. 듀엣곡이어서 마침 그 자리에 함께 있던 내 친구 재즈 가수가 함께 노래했습니다. 감격해서 열창하는 내 친구 이상으로 피보 브라이슨도 폭풍처럼 열창을 했습니다. 무대에서와 다름없는 열정으로 '정말로 노래가 좋아 죽겠다!'는 듯이 노래했습니다. 그런 그의 에너지에 이끌려서 모두 합창을 했습니다. 그렇게 우리는 한껏 흥이 올라 더할 수 없이 즐거운 하룻밤을 함께했습니다.

신기하게도 내가 열정을 품고 무언가를 하면 타인에게도 그 열정이 전해져 주위에서 내게 협력의 손길을 내밉니다. 열정 자체도 전염되는 것 같습니다. 이날 피보 브라이슨의 열정도 다른 사람들의 열정과 서로 영향을 주고받으면서 증폭되었고, 그 덕에 참으로 밀도 높은 한때를 보냈습니다.

당연한 말이지만, 열정은 마지못해서 할 때는 절대 솟지 않습니다. 그렇다면 좋아하는 일을 할 때 파워를 끌어내는 방식을 아예 습관으로 만들어버리면 됩니다. 그렇게 하면 다른 무언가를 할 때도 더 쉽게 잘 풀어갈 수 있습니다.

'좋아하고 즐거워하는 마음을 인생의 추진력으로 삼는다면 삶이 훨씬 편하고 즐거워진다', 피보 브라이슨의 노래를 들을 때마다 항상 드는 생각입니다.

 **초일류를 향하여**

당신의 열정이 솟구치는 일은 무엇인가요? 지금 당신이 하는 일에 열정을 다할 수 있는 방법은 무엇인가요?

## 16

# 독특함

## UNIQUENESS

·

어디에서도
찾아볼 수 없는
색다르고
불가사의한 존재감

**보렉 시펙**

---

**보렉 시펙(Borek Sipek)** 프라하 출신의 건축가이자 요리사. 프라하의 스쿨오브아츠앤크래프트에서 실내 디자인을 공부하고 함부르크로 옮겨 건축을 전공했다. 1983년 함부르크에 위치한 누나의 집을 설계하면서 독일 건축가상을 수상했다. 네덜란드에 디자인사무소를 열고 동서양의 예술과 공예를 연구했으며 가구 디자이너, 유리공예 디자이너로 거듭났다. 1999년에 프라하 중심지에 레스토랑을 포함한 디자인숍을 열어 현재도 운영하고 있다.

순간의 만남이 운명적인 만남으로 바뀌는 경우가 있습니다. 내게는 그런 일이 꽤 여러 번 있었는데, 당신은 어떻습니까?

평소에 마음의 소리에 귀를 기울이다가 '이거다!' 싶은 순간 즉시 한 걸음 내딛는 습관을 들인다면 운명적인 만남의 기회는 의외로 쉽게 움켜잡을 수 있습니다. 혹은 평범한 만남을 운명적인 만남으로 바꿀 수도 있습니다. 나와 보렉 시펙의 만남이 그랬습니다.

그는 세계를 무대로 활약하는 체코의 아티스트로 건축과 유리공예, 가구, 조명기구 등의 디자인을 하고 있습니다. 체코의 하벨 전 대통령 재임 시절에 정부 영빈관인 프라하성의 개장 책임디자이너로 임명돼 뛰어난 업적을 남겼을 뿐만 아니라 국제상을 여럿 수상했으며, 독일의 대학에서 학생들을 가르치기도 했습니다.

나는 보렉 시펙과 만나기 전에 그의 작품과 먼저 만났습니다. 몇 년 전 체코에 갔을 때 택시를 타고 프라하 거리를 관광했습니다. 처음 방문하는 곳이다 보니 눈길 가는 곳마다 모두 진기한 것투성이라 아이처럼 흥분해서 택시 창으로 거리를 둘러보았습니다. 그때 눈에 들어온 가게가 있어 택시 기사에게 "방금 전 왼편에 보인 유리 가게로 갑시다"라고 부탁해서 되돌아갔습니다.

가게에는 다양한 보헤미안 크리스털 제품이 진열돼 있었습니다. 그 중에서 내 눈을 사로잡고 놓아주지 않았던 것이 있었는데, 참으로 기묘한 형태를 한 일군의 보헤미안 크리스털 조각과 장식품이었습니다. 디자인과 색감 모두 굉장히 독특해서 홀린 듯 바라본 그 작품이 바로 보렉 시펙의 솜씨였습니다. 마침 집을 신축한 터라 장식할 소품이 필요했던 나는 그의 작품을 몇 개나 구입했습니다. 점원에게 "이 작품의 작가는 어떤 사람입니까?" 하고 물으니 "시내에 작가의 공방이 있으니 원한다면 소개해주겠습니다"라고 했습니다. 가보고 싶었지만 이미 다음 일정이 예정돼 있었던지라 아쉽지만 다음을 기약하며 그 자리를 떴습니다. 하지만 작가를 직접 만나고 싶다는 마음이 좀처럼 가라앉지 않았습니다.

　얼마 지나지 않아 나는 다시 체코를 찾았고, 보렉 시펙을 만날 수 있었습니다. 보렉 시펙 역시 어떤 일본인이 자신의 작품을 무척 마음에 들어 하며 구입했다는 소리를 듣고서 어떤 사람인지 궁금했다고 합니다. 만나자마자 자신의 공방으로 안내한 보렉 시펙이 다양한 작품을 보여주며 설명을 해주었습니다. 그 도중에 그가 하벨 대통령과 가까워서 정부 전속 디자이너로 있다는 이야기를 듣게 되었습니다. 더욱 놀라운 일은, 그가 그 길로 나를 대통령 관저로 데려가서 하벨 대통령에게 소개시켜준 사실입니다. 작품도 독특하더니 행동까지 독특하다고 해야 하나, 체코에서는 대통령이 원래 그렇게 쉽게 만날 수 있는 사람인지 나로선 알 길이 없었지만, 그가 대통령과 가깝다는 사실만은 확실히 알게 되었습니다. 대통령 집무실은 모두 보렉 시펙이 디자인했고 인테리어까지 담당했다고 합니다.

보렉 시펙과는 지금도 친분을 유지하고 있습니다. 그의 작품을 볼 때마다 어떻게 이런 독특한 작품을 만들어낼까 감탄합니다. 나도 미술품 감상을 좋아하고 다른 작가가 만든 일반적인 보헤미안 글라스 작품도 몇 개를 소장하고 있지만, 단순한 아름다움과는 전혀 다른 무언가가 그의 작품에는 존재합니다. 색다르고, 어디에서도 찾아볼 수 없으며, 불가사의한 존재감으로 어떤 작품이든 보자마자 보렉 시펙의 작품임을 알 수 있습니다.

그의 작품은 다른 작가가 흉내 낸다고 해도 아마 진짜의 발끝에도 미치지 못할 것입니다. 그의 눈에는 우리와는 전혀 다르게 세상이 비추는 것 같아 부럽기까지 합니다. 그가 도쿄예술대학교에서 작품전을 할 때 내가 이것저것 도와준 적이 있는데, 이미 그의 작품을 다수 소장하고 있음에도 신작을 몇 개 더 구입했을 그 정도로 그의 작품에는 유일무이한 매력이 있습니다.

보렉 시펙 본인 또한 독특한 분위기를 지닌 사람인지라 다음에 언제 또 만날 수 있을지 기대하면서 나는 집 안을 장식한 그의 작품들을 감상합니다. 나도 타인에게 이 정도로 강렬한 인상을 줄 수 있다면 참 즐겁겠다는 생각을 하면서요.

 **초일류를 향하여**

당신의 성격이나 재능 중에서 남들과는 다른 독특함이 있다면 무엇인가요? 당신 안에 꽁꽁 감춰둔 독특함이 있다면 이젠 맘껏 꺼내 보여주세요.

# 17

# 직관

## INTUITION

본질을
꿰뚫어보는
힘의 중요성

**다이애나 로스**

---

**다이애나 로스(Diana Ross)** 미국의 가수이자 배우, 음악 프로듀서. 1960년대의 대표적인 여성그룹 슈프림스의 리드 보컬이었고, 1970년대부터는 솔로 활동하며 현재까지 22개의 정규 앨범을 발매했다. 연기자와 뮤지컬 배우로도 명성을 얻어 1972년에는 영화 〈빌리 할리데이〉로 아카데미상과 골든글로브상을 받았다. 그래미어워드에서 12회나 수상했으며, 아메리칸뮤직어워드도 받았다. 1976년에는 빌보드에서 '이 시대의 여성 엔터테이너'로 이름을 올리고, 전 세계에서 가장 성공한 여성 아티스트로서 총 18개의 넘버원 싱글과 슈프림스 멤버일 때의 넘버원 싱글 12개로 기네스북에 이름을 올렸다. 2007년 11월, 케네디센터 주관 공연예술 평생공로상을 받았다.

직관이 뛰어난 사람은 무슨 일을 하든 어렵지 않게 성공합니다. 이것은 내가 다양한 초일류들과 접하면서 깨달은 사실 중의 하나입니다. 그런 사람들은 순간적으로 사물이나 현상의 본질을 꿰뚫어 중요한 일을 판단하고, 자신에게 도움이 되는 것을 골라잡습니다. 이런 일들을 의식하지 않고도 잘할 수 있으면 인생에서 쓸데없는 것들이 자연스럽게 배제되어 심플하고 자유로우며 즐거운 삶을 살 수 있습니다.

내가 지금까지 만난 수많은 '직관력이 높은 사람들' 중에서도 다이애나 로스와의 만남은 조금 특별했습니다.

그녀와의 첫 만남은 꽤 오래 전의 일입니다. 언젠가 도쿄돔에서 열린 이벤트에 초청 연사로 참석한 적이 있었습니다. 상당히 큰 규모의 이벤트라서 조지 부시 전 대통령도 초청 연사로 초빙되었는데, 당시의 엔터테인먼트 게스트가 다이애나 로스였습니다.

부시 전 대통령과 내 연설이 끝나고 나는 다이애나 로스의 무대를 객석 제일 앞에서 보고 있었습니다. 그런데 노래하던 그녀가 갑자기 내 쪽으로 다가오더니 무대로 올라오라는 신호를 보냈습니다. 계획되지 않은 일이라 뭔가 착오가 있다는 생각에 올라가지 않았는데 그녀가 내게로 손을 뻗었습니다. 무심코 그 손을 잡았더니 그대로 무대 위로 끌어 올렸습니다. 나는 어찌 해야 좋을지 곤혹스러웠습니다. 반면 다이애나 로스는 〈앤드리스 러브(Endless Love)〉를 부르기 시작하더니 설상가상으로 노래하라며 내게 마이크를 들이댔습니다. 이벤트 회장에 있던 내 동료들은 환호를 했습니다. 다이애나 로스는 그 모습을 보고 흐뭇해했지만, 나는 연신 식은땀을 흘려야 했습니다.

곡이 끝나고 내 자리로 돌아가려는데 담당자가 무대 끝에서 잡더니 "다이애나 로스의 분장실로 가십시오"라고 말했습니다. 도대체 무슨 일일까 의아해하며 분장실에서 기다렸습니다. 무대를 마친 다이애나 로스가 분장실로 왔고, 우리는 통역을 끼고 잠시 대화를 나눴습니다.

이상했던 일은, 분장실에 들어오기 전에 "사인과 사진은 절대 안 되니까 준수해주세요"라던 담당자의 말을 무시하고 그녀에게 "사인해주세요, 사진도 찍고 싶군요" 하고 부탁했더니 "OK!" 하고 아무 거리낌 없이 선뜻 응했다는 점입니다. 아무래도 그녀는 무대 위에서 나를 발견하고는 '이 사람과 잠깐 대화해보고 싶네', '이유는 모르지만 무대에 올리면 어쩐지 재미있을 것 같아'라고 직관적으로 생각했었나 봅니다.

사실 내게는 이처럼 '이게 무슨 일이지?' 싶은 사건이 자주 일어납니다. 내게 그런 특이한 운이 있다는 것까지 다이애나 로스는 느꼈나 봅니다. 헤어지면서 한 말이 "당신 같은 사람은 처음 봐요"였으니 말입니다.

이 일화를 말하면 나에 대해 잘 모르는 사람은 "거짓말이죠?", "그럴 리가…" 하며 믿지 않으려 합니다. 하지만 내게는 다이애나 로스와 함께 무대에서 노래하는 사진이 있습니다. 그 사진을 볼 때마다 '그때 내 직관이 좀 더 좋았더라면' 하는 아쉬움이 남습니다. 당시의 나는 아티스트와 인간관계를 쌓아 내 인생을 훨씬 더 다이내믹하게 만들겠다는 생각을 하지 못했습니다. 지금이야 메일이나 스마트폰 등으로 개인적인 연락을 취하기가 쉬워졌지만, 당시에는 그런 수단이 아직 널리 보급되지 않은 때라 아티스트에게 연락하려면 매니저에게 전화하거나 팩스 혹은 편지를 보내야 했습니다. 또 내게는 전속 통역 직원이 없던 시절이었습니다.

아마도 다이애나 로스와의 이 일이 마음속 어딘가에 항상 남아 있었는지, 이후 나는 저명한 사람과 잠깐이라도 만날 일이 생기면 깊은 친분을 쌓으려 하고 아티스트들을 집이나 식사에 초대하곤 합니다.

다이애나 로스와의 일기일회가 내게 가르쳐준 '본질을 꿰뚫어보는 힘의 중요성'을 항상 잊지 말아야겠다는 다짐을 하면서요.

 **초일류를 향하여**

당신의 직관력에 점수를 준다면 몇 점인가요? 당신의 직관력 덕분에 놀랄 만한 성과를 거둔 적이 있다면 그때를 생각해보세요. 앞으로 그 직관력이 힘을 발휘할 분야는 무엇인가요?

# 18

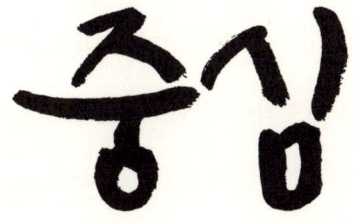

## 중심
### RESOLVE

•

어떤 상황에서도
흔들리지
않는다

**미우라 가즈요시**

---

**미우라 가즈요시(三浦知良, Miura Kazuyoshi)** J리그 2부 요코하마 FC에 소속되어 있는 일본의 프로 축구 선수. 현재 일본인 프로 선수 중 최연장자이며, 일본 축구 국가대표팀 역사상 가장 많은 득점(55골)을 올린 공격수이다. 국제대회의 운은 비교적 좋지 않은 편이라 국제적인 명성은 높지 않다. 그러나 일본에서는 여전히 인기가 높다.

자신의 정체성이 단단히 확립돼 있는 사람, 자신이 해야 할 일이 무엇인지 알고 그 일에 집중하는 사람, 자신이 설정한 목표를 달성하기 위해서라면 어떤 어려움이 기다리고 있더라도 그 자체를 즐기면서 완수하고야 마는 사람, 타인의 시선이나 제삼자의 무책임한 의견에 흔들리지 않고 자신의 길을 꿋꿋이 가는 사람…… 그런 사람을 나는 정말 좋아합니다. 그런데 고맙게도 지금까지 살면서 그런 이들과 수없이 만나왔습니다.

그들 중 한 명이 미우라 가즈요시 선수입니다. 일본에서는 '축구는 잘 몰라도 미우라 가즈요시는 안다'는 말이 있을 정도로 유명한 선수입니다. '대단하다'라는 단어는 이 사람을 위해 생겨난 것이라 해도 믿을 정도입니다.

일본에 프로 축구가 없던 시절에 그는 고등학교를 중퇴하고 혼자서 브라질로 건너갔습니다. 외롭고 힘든 외국에서의 생활을 견뎌가며 결국 프로 선수가 돼서 활동했고, 귀국한 뒤에는 J리그 개막 때부터 활약해 일본 국가대표로서도 장기간 팀을 이끌었습니다. 일본 축구와 J리그에 대한 공헌도를 봐도 미우라 가즈요시가 없었다면 현재의 일본 축구는 없었을 것입니다.

무엇보다도 미우라 가즈요시 하면 오십을 바라보는 나이까지 현역으로 뛸 수 있게 만든 철저한 몸 관리와 높은 프로 의식을 빼놓을 수 없습니다. 한마디로 그는 '평생 현역'입니다. 나는 그런 그의 노력과 의지와 프라이드를 본받아야 한다고 항상 다짐합니다.

미우라 가즈요시와 처음 만난 곳은 하와이입니다. 사실 하와이에 가기 전날 브라질의 지인한테서 당시 일본으로 귀국한 지 얼마 안 된 미우라 가즈요시에 대해서 들었습니다. 축구는 잘 모르기 때문에 '그런 사람이 있구나' 정도가 내 반응의 전부였습니다.

그런데 다음 날 하와이에 갈 때 공항 레스토랑에서 친구와 식사를 하다가 뒤쪽 테이블에 미우라 가즈요시가 앉아 있는 것을 보았습니다. 그렇잖아도 어제 들은 이야기의 주인공이 눈앞에 나타나서 놀랐는데, 식사를 마치고 레스토랑을 나서는 시간까지 비슷하게 겹쳐서 그대로 내가 미우라 가즈요시를 뒤에 달고 가는 모양새로 탑승구까지 갔고, 결국 같은 비행기를 타고 하와이로 향했습니다. 그리고 하와이에 도착해 호텔에 체크인한 뒤 방의 베란다로 나와서 별 생각 없이 옆방 쪽을 보았는데, 놀랍게도 미우라 가즈요시가 있었습니다. 그도 나도 순간 당황했습니다. 나는 그대로 안으로 들어와버렸습니다. 지금 생각하면 그저 평범하게 인사하면 될 일이었는데, 그의 표정을 멋대로 해석해서 '설마 나를 두고 하와이까지 따라온 미디어 관계자라고 생각하면 어떡하지'라고 지레짐작해 얼른 몸을 숨겼던 것입니다.

하지만 이후에도 식사를 위해 친구와 찾은 현지의 일식집에서 미우라 가즈요시의 옆 테이블에 앉는다거나, 호텔 방에서 외출하려고 문을 열었다가 외출하려는 그와 마주치는 것 같은 우연이 연거푸 일어났습니다. '어떡하지, 분명 이상하게 생각할 거야'라며 나 혼자 전전긍긍하는데 4일째 되는 날 미우라 가즈요시가 먼저 "좋은 아침입니다. 또 뵙네요" 하고 인사를 건넸습니다.

마지막 날에는 더 놀라운 일이 있었습니다. 호텔 수영장의 덱 체어에 누워 꾸벅꾸벅 졸다가 눈을 떠보니 옆 자리에 미우라 가즈요시가 있었습니다. 이왕 이렇게 된 이상 피하기만 할 수가 없어서 서로 쓴웃음을 지으며 정식으로 자기소개를 했습니다. 우리는 귀국한 뒤에도 서로 연락을 이어갔고, 식사를 함께 하거나 집에 초대하면서 돈독한 사이가 되었습니다.

오랜 시간이 지났지만 미우라 가즈요시는 여전히 프로축구 현역 선수로 활약하고 있습니다. 한창 이 책을 쓰고 있는 동안에도 최고령 득점 기록을 갱신했습니다. 많은 일이 있었고 팀도 몇 번씩 바뀌었지만 그는 줄곧 현역 선수로서 축구를 하고 있습니다. 그의 내면에는 '축구'가 평생 사라지지 않을 중심으로 서 있습니다. 그래서 그도 평생 '흔들릴' 일이 없습니다.

'내게는 이것만 있으면 된다'는 그 무엇, 무슨 일이 생기든 그곳으로 돌아가기만 하면 되는 장소가 있는 사람은 누구보다 강합니다. 미우라 가즈요시 역시 그렇습니다. 그의 흔들리지 않는 강인함을 나는 늘 동경합니다.

자신의 중심이 서 있고 그것이 흔들리지 않도록 살아갈 수 있다면 인생의 어떤 상황에서도 평상심을 유지할 수 있습니다. 나도 내 사업이 참 좋아서 평생 즐기면서 해나갈 생각이니 그런 의미에서는 이 사업이 내 중심이라고 할 수도 있지만, 미우라 가즈요시의 중심에 비하면 아직 한참은 부족합니다. 미우라 가즈요시가 현역 최고령 득점 신기록을 세웠다는 뉴스를 들으면서 나는 그 대단함에 다시 한 번 한숨을 쉬었습니다.

**초일류를 향하여**

당신에게는 '이것만 있으면 된다'는 그 무엇, 무슨 일이 생기든 그곳으로 돌아가기만 하면 되는 장소가 있습니까?

## 19

# 약속

## PROMISE

•

"내가 한 말은
꼭 지킨다"

윤디 리

---

**윤디 리**(Yundi Li) 중국의 서양고전음악 피아니스트. 윈디라고도 불린다. 18세였던 2000년 쇼팽국제피아노 콩쿠르에서 이 대회 최연소 우승자이자 최초의 중국인 우승자가 되었다. 그는 이 콩쿠르에서의 연주로 쇼팽소사이어티로부터 폴로네이즈상을 받았다. 이후 독일 하노버의 예술학교에서 유학했다.

기업의 수장에서 아티스트, 운동선수, 작가에 이르기까지 내가 아는 초일류들이 사업에서 중요한 것 혹은 인생에서 중요하게 여기는 것, 항상 주의하는 것으로 흔히 꼽는 원칙이 있습니다. 바로 '약속을 지킨다'입니다.

내가 좋아해서 자주 예로 드는 말이 있는데, 작가인 모리 요코가 생전에 자신의 저서에 쓴 표현입니다.

'일에서 프로가 되는 방법은 아주 간단하다. 약속을 지키고 절대 대충 일하지 않는 것! 그 외는 아무래도 상관없다.'

나는 이 말을 정말 좋아해서 나 스스로도 약속을 지키고 대충 일하는 일이 없도록 항상 노력합니다. 여기에 '타인을 기쁘게 한다'를 더하면 내 인생의 모토가 완성됩니다.

상대방이 나보다 더 멋지게 약속을 지켜내는 모습을 보고 '내가 한 방 먹었다'고 인정했던 적이 있습니다. 중국 태생의 피아니스트 윤디 리와 내 집에서 탁구를 칠 때 있었던 일입니다.

윤디 리는 2000년도 쇼팽국제피아노콩쿠르에서 중국인 최초이자 스타니슬라프 부닌 이후 15년 만에 1위로 우승을 거머쥔 이래 세계를 무대로 활약하고 있습니다. 그는 1982년생으로 쇼팽국제피아노콩쿠르

우승 당시에는 열여덟 살의 어린 나이였습니다. 더군다나 '중국의 기무라 다쿠야'란 소리를 들을 정도로 뛰어난 외모 덕분에 일본에서도 화제가 되면서 인기를 모았습니다.

내가 아는 출판사에서 그의 사진집을 내게 되었는데, 내 집을 촬영 장소로 쓰고 싶다고 해서 카메라맨과 담당 편집자와 함께 윤디 리가 내 집에 온 적이 있습니다. 실내의 거실과 다다미방뿐만 아니라 실외의 정원이나 야외 수영장 등 다양한 장소에서 촬영하는 모습을 나도 옆에서 지켜보았습니다.

촬영이 어느 정도 끝나고 나서 "윤디 리가 우리 집 피아노로 아무거나 연주해주면 안 될까요?" 하고 물어보았습니다. 통역하는 사람이 "그건 어렵겠습니다"라고 거절했지만 그 모습을 옆에서 보고 있던 윤디 리가 불쑥 "여기 탁구대가 있네요"라며 끼어들었습니다. '이때다!'라고 생각한 나는 통역을 통해 윤디 리에게 "탁구 시합을 해서 내가 이기면 한 곡만이라도 연주해줬으면 합니다. 그 쪽이 이기면 내가 포기하구요"라고 전했습니다. 내 부탁을 전해 들은 윤디 리는 "하죠!"라고 흔쾌히 받아들였습니다. 참고로, 나는 탁구 실력이 그리 뛰어나지 않았고, 나중에 들은 바에 따르면 윤디 리는 초등학교 때 탁구부였다고 하니 아무리 생각해도 내가 불리한 상황이었습니다. 하지만 나는 이럴 때일수록 절대 지지 않습니다. 실제로 경기는 내가 이겼습니다.

경기 후에 실내로 이동해 윤디 리에게 리스트의 〈라 캄파넬라(La Campanella)〉를 부탁했습니다. 거실에 흐르는 〈라 캄파넬라〉의 멜로디는 마치 소리로 만든 향수나 와인처럼 매끄럽고 아름답게, 향기롭게 공간을 채웠습니다.

이 자리가 마치 공연장인 듯 진지한 자세로 집중하며 열정적으로 연주하는 윤디 리를 보면서 '이 사람은 젊지만 진짜배기 프로구나' 하고 감탄했습니다. 문외한이 아무리 부탁해도 "그런 부탁은 들어드리지 않습니다"라며 거절해도 됐을 테고, 탁구에 졌으니 마지못해 짧은 버전으로 치고 끝낼 수도 있었을 것입니다. 하지만 그는 약속했다는 이유로 전력을 다해 연주해주었습니다.

그뿐만 아니라 "집이 정말 멋져서 그런데요, 다음에 일본에 올 때 또 들러도 될까요?"라고 기쁜 얼굴로 묻더니 진짜로 또 찾아주었습니다. 그리고 "여긴 참 멋져요. 어머니께도 보여드리고 싶어요"라는 말도 했습니다. 자신의 집이 그 정도로 칭찬을 받으면 주인 입장에서는 당연히 기쁩니다. 이 일을 인연으로 그의 사진집 작업도 돕게 되었고,

함께 잘츠부르크에도 다녀왔습니다.

약속을 확실하게 이행한다는 말을 영어로는 'keep one's word'라고 표현합니다. '자신의 말을 킵한다', 즉 '말한 것을 지킨다', '약속을 지킨다'는 뜻입니다. 윤디 리가 약속을 지키는 모습이 정말로 가슴이 시원해질 정도로 멋있어서, 최종 승자는 윤디 리가 아니었나 하는 생각마저 들었습니다.

이 책을 쓰고 있을 때 베이징에서는 제15회 세계육상선수권대회가 열렸고 개회식에서 윤디 리가 피아노를 연주했습니다. 그때 내 머릿속에는 그날의 〈라 캄파넬라〉가 흐르고 있었습니다.

 **초일류를 향하여**

최근에 약속한 것을 제대로 지키지 못했던 일이 있나요? 그 이유는 무엇이었나요? 만약 다음에 같은 약속을 하게 된다면 어떻게 그 약속을 확실하게 지켜낼지 방법을 찾아보세요.

# 20

# 의외성

## ASSUMPTION

•

거물의
매력적인
민낯

**빌 클린턴**

---

**빌 클린턴(Bill Clinton)** 미국의 42대 대통령. 1968년 조지타운대학교를 졸업하고 2년간 옥스퍼드대학교에서 로즈(Rhodes) 장학생으로 유학했다. 그 후 예일대학교 법학대학원에 입학해 졸업과 동시에 아칸소대학 법학과 교수를 역임했다. 1976년 아칸소주 법무장관이 되었으며, 1978년 32세에 미국 최연소 주지사로 당선되었다. 민주당 우파에 소속되어 1992년 G.H.W.부시를 누르고 제42대 대통령에 당선됨으로써 미국 역사상 세 번째로 젊은 46세의 대통령이 되었다(재임 기간은 1993년 1월~2001년 1월). 대통령 퇴임 후 2009년에 유엔 아이티 특사로 활동하다가 2010년부터 미국 월드컵축구유치위원회 명예위원장으로 활동하고 있다.

'갭(gap)'이란 단어가 있습니다. '틈', '어긋남', '격차'의 뜻이죠. 런던 지하철역의 안내방송 중에 '마인드 더 갭(Mind the gap)'이란 말이 나오는데, 우리 식으로 하면 "전차와 승강장 사이의 간격이 넓습니다. 타고 내리실 때 주의해주십시오"에 해당됩니다. 갭이라는 단어를 사람에게 쓸 때도 있습니다. 어떤 사람이 상황에 따라 다른 모습을 보이면 '갭이 있다'라고 표현합니다.

어쩌다 보이는 의외의 모습이 매력으로 이어지는 경우가 많습니다. 내 친구들 중에도 갭이 있어서 오히려 더 재미있는 사람들이 있습니다. 유도 유단자인 친구는 겉보기에도 강해 보이는데 엄청난 고양이 마니아라서 길을 가다가 고양이를 보면 함박웃음을 지으며 말을 겁니다. 어학에 능통해서 항상 원서만 읽는 여성 친구가 있는데 노래방에 가면 트로트만 부릅니다. 술이 엄청나게 세서 한 자리에서 와인 세 병 정도를 태연히 마시는 한 남성은 와인만큼 케이크도 좋아해서 케이크 뷔페에 가는 취미가 있습니다. 이처럼 그동안 알고 있던, 혹은 '그는 이런 사람일 거야'라고 짐작하던 이미지와는 전혀 다른 모습을 발견했을 때 '이 사람한테 이런 면이 있었네! 재미있는데!' 하는 생각이 들면서 그 사람에게 더더욱 흥미가 생깁니다.

내가 초청 연사로 초빙된 교세라돔의 이벤트에 엔터테인먼트 게스트로 초청되었던 제니퍼 로페즈도 그랬지만, 당시 나와 함께 초청 연사로 온 빌 클린턴 전 대통령 또한 의외성으로 똘똘 뭉친 사람이었습니다.

　그와는 무대 뒤에서 함께 대기하면서 이런저런 이야기를 나누었습니다. 결론부터 말하면, 내가 상상하던 대통령과 정치가에 대한 이미지를 완전히 뒤집어버렸습니다. 한마디로 그는 '보통 사람'이었습니다. 그렇다고 해서 시시하다든가 진부하다는 의미에서의 '보통 사람'이 아닙니다. 꾸밈이 없고 자연스럽다는 의미에서의 '보통 사람'입니다.

　그때까지 내가 TV로만 보아오던 빌 클린턴은 서른두 살의 나이로 당시 미국의 최연소 주지사가 되었고, 나중에는 제42대 미합중국 대통령이 되어 거액의 재정 적자를 해소했을 뿐만 아니라 이천억 달러 이상의 재정 흑자를 달성한 엄청난 인물이었습니다. 그러나 눈앞의 빌 클린턴은 물론 존재감이나 거물이란 느낌은 있었지만 주변 분위기를 압도하는 분위기는 전혀 아니었고, 시종 온화한 미소를 짓고 있어 다가가기 쉽고 대화하기 편하다는 인상을 주었습니다.

　특히 그와 리치 디보스 사이에 있었던 일화는 놀라웠습니다. 리치 디보스는 암웨이코퍼레이션의 공동창립자인데, 언젠가 그들이 전미 요인들이 모이는 회의에서 만났을 때 리치 디보스가 쓴 책을 읽고 감명받은 클린턴이 "정말 훌륭한 책입니다. 다음에 개정판이 나올 때 제가 꼭 추천사를 쓰게 해주십시오"라고 말했답니다. 리치 디보스가 클린턴에게 "추천사를 써주십시오" 하고 부탁하는 입장이라면 납득이 가지만, 클린턴이 리치 디보스에게 "내가 쓰겠습니다"라고 스스로 제안하다니! 어지간히 책 내용이 마음에 들었나 보다 하는 생각이 들면서도 솔직하고 개방적인 그의 태도에 놀랐습니다.

사실 나는 리치 디보스가 클린턴과 만났다는 이야기를 리치 디보스 본인한테서 그 얼마 전에 들은 뒤였습니다. "클린턴과 만났는데 다음에 식사나 한번 하자더군"이라고 리치 디보스에게 듣긴 했지만, 설마하니 클린턴이 리치 디보스에게 책 추천사를 두고 이런 제안을 했을 줄이야! 그저 놀라울 따름입니다.

평소에 이런 거물 정치가와 개인적으로 대화할 기회가 거의 없었던 데다, 대화를 나눈다 하더라도 정치가 본인이 있는 그대로의 자신을 내보이리라고는 장담할 수 없습니다. 더욱이 처음 만난 상대라면 더 말할 것도 없습니다. 그런데 미국의 전 대통령이 이렇게 무사태평

한 태도로 말을 걸어오다니, 나는 반쯤 꿈을 꾸는 기분이었습니다. 생각지도 못한 클린턴의 맨 얼굴에 완전히 얼이 나간 날이었습니다.

전 대통령이라고 하니까 생각났는데, 예전에 제국호텔에서 포드 전 대통령과 같은 테이블에서 식사를 한 적이 있었습니다. 당시 내가 그에게 "어렸을 때부터 꿈이 대통령이었습니까?" 하고 묻자 "사실은 메이저리거가 되고 싶었죠"라며 웃는 얼굴로 대답했습니다. 이 분 역시 의외의 모습을 보인 분이어서 기억에 남습니다.

 **초일류를 향하여**

남들이 미처 발견하지 못한 당신의 모습이 있나요? 의외의 모습이 당신에게 있다면 이제는 마음껏 표현해 당신에 대한 고정된 이미지를 멋지게 바꿔보세요.

## 21

# 대범함

## EASYGOING

•

몇 가지
중요한 일 외에는
신경 쓰지 않는
현명함

**디온 워윅**

---

**디온 워윅(Dionne Warwick)** 가스펠 뮤직으로 시작해서 재즈, R&B, 로큰롤 등 다재다능한 음악성을 인정받은 가수이자 미국 팝계의 여류 명사이다. 1962년에 데뷔 싱글 〈Don't Make Me Over〉를 발표해 미국의 팝 차트 랭킹 40에 처음으로 등장했다. 그 뒤로도 1963년 〈Anyone Who Had A Heart〉를, 1964년 〈Walk On By〉를 히트시켜 모두 골드디스크를 획득했다. 1968년과 70년에는 그래미어워드를 수상해 60년대 최고의 여성 가수로 인정받았다. 70년대에는 교사로 활동하다 80년대에 비지스와 손을 잡고 다시 음악 활동을 펼쳤다.

나는 세상사에 그다지 개의치 않는 데다 뭐든지 직관으로 결정하는 경우가 많아서 고민하는 일이 별로 없습니다. 반면에 세심하게 계획을 세우거나 단계를 밟아 하는 일에는 약해서 그런 일은 부하직원이나 친구에게 맡깁니다. 몇 가지 중요한 일을 제외한 나머지는 크게 신경 쓰기 않기 때문에 비교적 편하게 산다고 할 수 있습니다.

신경 써야 할 일이 있으면 신경을 써야겠지만 그럴 필요가 없는 부분까지 신경을 쓰면 인생이 꽤나 고생스러울 것 같습니다. 그러나 눈 딱 감고서 '신경 쓰지 않겠다'라고 마음먹으면 그때부터 자신을 둘러싼 세계가 달라 보입니다. 그것도 갈수록 좋은 쪽으로 바뀔 테니 한번 해보십시오. 나는 이 사실을 어떤 사람과 만나고 나서 확신했습니다. 그 사람은 바로 디온 워윅입니다. 히트곡이 많은 미국의 가수인데, 팝을 잘 모르는 사람이라도 휘트니 휴스턴의 사촌이라고 하면 "아하!" 하고 알아봅니다.

언젠가 내 친구가 기획한 디너쇼에 디온 워윅을 초청했습니다. 디온 워윅의 노래를 매우 좋아하고 친구가 기획한 행사이기도 해서 큰 기대를 하며 디너쇼에 참석했습니다. 쇼를 보는데 그녀가 걸고 나온 목걸이에 시선이 갔습니다. 다이아몬드로 장식한 커다란 십자가 디자인이었는데 매우 근사했습니다. 나는 별 생각 없이 옆에 앉은 사람에게 "저 목걸이 멋지네요" 하고 말을 걸었습니다. 나와 같은 테이블에 앉은 사람들은 거의 다 안면이 있는 사이였는데, 마침 옆자리의 그 남성만은 모르는 사람이었습니다. 그러자 그가 "제가 디자인한 겁니다"라고 하는 겁니다. 깜짝 놀라서 이야기를 들어보니, 그는 상을 몇 개나 탄 주얼리 디자이너인데 디온 워윅의 목걸이는 그녀를 위해 특별히 디자인한 것이라고 했습니다.

나는 그에게 "목걸이가 굉장히 멋진데, 제게도 만들어주실 수 있나요?" 하고 물어보았습니다. 그러자 "저건 디온만을 위한 디자인이라 안 되겠네요"라고 거절했습니다. 하지만 이 정도로 물러설 내가 아니지요. 디자인이 얼마나 훌륭하고 내가 얼마나 감동받았는지를 호소한 뒤에 "제가 그녀를 만날 일도 없을 테니 꼭 부탁합니다!"라고 다시 한 번 부탁해 목걸이를 만들어주겠다는 약속을 받아냈습니다. 완성된 목걸이는 역시나 훌륭했고 마음에도 쏙 들어서 자주 착용했습니다.

이탈리아의 사르데냐섬에 여행을 갈 때도 그 목걸이를 가지고 갔습니다. 그런데 그곳에서 믿을 수 없는 일이 일어났습니다. 머물고 있던 호텔의 레스토랑에서 저녁을 먹고 있는데, 그날의 엔터테인먼트 게스트가 놀랍게도 디온 워윅이었습니다. 게다가 나는 그 목걸이를 걸고 있었고요. 그 자리에서 목걸이를 풀기에는 이미 늦어서 몸을 돌려도 보고 손으로 슬며시 가려도 보면서 그녀의 눈에 띄지 않으려 애썼습니다. 하지만 그게 오히려 눈에 더 띄었는지 그녀의 시선이 나를 향했고, 목걸이를 보고는 '어머나' 하고 놀라는 표정을 지었습니다. 그리고 자신이 걸고 있던 십자가 목걸이를 가슴께에서 꺼내더니 '이것 좀 보라'는 식으로 내게 내밀었습니다.

그때는 너무 당황해서 무슨 일이 벌어졌는지 가늠하지 못했습니다. 쇼가 끝난 뒤에 디온 워윅의 분장실로 오라는 얘기를 전해듣고는 '분명 목걸이에 대해 물어볼 텐데 뭐라고 설명해야 하지?'를 내내 고민했습니다. 하지만 디온 워윅은 화를 내기는커녕 웃는 얼굴로 맞아주었고 "똑같은 목걸이를 만들었군요, 기뻐요"라고 말했습니다. 어떻게 같은 목걸이를 가지고 있는지조차 묻지 않았습니다. 오히려 같은 목걸이를 만들어 가질 정도로 내가 자신의 열렬한 팬이라고 여기는 듯했습니다. '이 대범함은 뭐지? 대단한 사람이구나'라고 생각했습니다. 나는 그날 이후로 디온 워윅의 열성 팬이 되었음은 말할 필요도 없습니다.

목걸이와 관련해서는 후일담이 있습니다. 이 일이 있고 얼마 후 디 온 워윅이 일본에 왔을 때 공연을 보러 가서 재회했습니다. 그녀는 그때도 같은 목걸이를 하고 있었습니다. 그리고 내 얼굴을 보자마자 "당신, 기억나요"라고 말했습니다! "그 목걸이, 오늘도 걸고 왔습니다"라고 말하면서 목걸이를 보여주자 "기뻐요!" 하며 이번에도 환하게 웃었습니다.

그 목걸이를 걸면 그녀의 대범함까지 몸에 걸친 듯한 느낌이 듭니다. 그래서인지 그 목걸이는 내게 행운의 상징과도 같습니다.

 **초일류를 향하여**

지금 당신의 주변에서 벌어지고 있는 상황들을 '중요한 일'과 '중요하지 않은 일'로 구분해 정리해보세요. 중요하지 않은 일은 당신의 관심에서 좀 더 멀리 두고, 중요한 일에 집중하세요.

## 22

# 와인
### WINE

•

> "와인의 맛은
> 사람이
> 결정합니다"

**데이비드 피어슨**

---

**데이비드 피어슨(David Pearson)** 와인 브랜드 '오퍼스원'을 제조하는 와이너리의 CEO. '오퍼스원'의 성공 비결을 '사람'이라 말하고, 매상보다는 고객들에게 즐거움을 주는 것을 우선시하는 진정한 CEO다.

나는 애주가입니다. 일본청주도 자주 마시고 맥주나 소주도 좋아하지만, 가장 많이 마시는 술은 와인이 아닐까 합니다. 술은 그 자체로도 좋아하지만, 내게 빼놓을 수 없는 파트너이기도 합니다. 요리에 맞는 와인의 맛을 찾는 즐거움도 있고, 동료들과 이런저런 이야기를 하면서 흥을 돋우기에도 좋고, 혼자 느긋하게 쉴 때 상대가 돼주기 때문입니다. 이런 존재가 곁에 있으면 인생에 조금쯤 깊이가 생깁니다. 만약 당신이 미성년자이거나 술에 약하다면 대신 무언가 마음에 드는 음료를 떠올려보십시오. 그것을 마실 때의 상황이나 기분도 함께요. 아마 제가 와인을 마실 때의 기분을 공감하실 겁니다.

와인 중에서는 캘리포니아의 '오퍼스원(Opus One)'을 특히 좋아합니다. 오퍼스원은 샤토 무통 로쉴드라는 보르도 메독의 1등급 와이너리(포도주를 만드는 양조장)를 소유한 필립 드 로쉴드 남작과 캘리포니아 와인계의 중진인 로버트 몬다비가 만들어낸 세계 최고급 와인입니다. 오퍼스원은 '걸작' 혹은 '음악 작품' 등을 뜻하는 라틴어 '오퍼스'에 '최고 품질의 유일무이한 와인을 만든다'는 그들의 신조를 의미하는 영어 '원'을 덧붙여서 만들어진 이름입니다. 어느 날 지인한테서 선물로 받아 마신 것이 첫 만남이었는데 "뭐야 이거! 맛있잖아!" 하고 깜짝 놀랐던 기억이 납니다. 어찌나 맛이 좋던지 취하기는커녕 눈이 번쩍 뜨였습니다. 이후로 선호하는 와인이자, 이때다 싶은 순간에 개봉해서 마시는 비장의 카드가 되었습니다.

그러던 어느 날 오퍼스원의 와이너리를 방문할 기회가 생겼습니다. 뮤지션이자 내 친구인 케니 지의 초대로 그와 함께 미국 서해안을 여행하다가 들르게 되었습니다. 내가 오퍼스원을 좋아한다는 사실을 알고 있었던 케니 지의 깜짝 선물이었지요.

와이너리 내부를 견학할 때는 관계자가 우리를 안내해주었습니다. 저 멀리까지 펼쳐진 포도밭은 물론 일반 시설, 와인셀러 등을 돌았고, 견학의 마지막 순서로 다양한 빈티지의 오퍼스원을 시음하는 행사에 참여했습니다. 그리고 나서 CEO인 데이비드 피어슨의 사무실로 초대돼 와이너리의 역사와 오퍼스원 브랜드에 얽힌 이야기를 들을 수 있었습니다.

오퍼스원을 생산할 때는 '시(時, 때)'와 '지(地, 땅)'를 매우 고집스럽게 관리한다고 합니다. '시'란 계절을 겪으면서 포도 열매가 맺히고 성숙해가는 과정을 의미합니다. '지'는 포도에 독특한 개성을 부여하는 요소로 밭의 지형과 지질, 기후를 뜻합니다. 그리고 '시'와 '지'라는 두

가지 요소를 아우르는 '인(人)'은 와인을 만드는 사람들을 가리킵니다.

이 와이너리의 '인'을 대표하는 데이비드 피어슨을 만난 일은 정말 행운이었습니다. 오퍼스원이 나파밸리를 대표하는 와인 중 하나로 자리매김한 성공의 비결을 물었을 때도 그는 "사람이죠"라고 대답했습니다. 즉 포도를 기르는 사람, 와인을 주조하는 사람, 완성된 와인을 판매하는 사람, 그 와인을 사가는 업자들, 그리고 최종적으로 와인을 마시는 사람들까지 와인과 관련된 모든 사람들이 성공의 비결이라고 얘기했습니다. 최고의 팀이 최고의 품질을 낳는다는 의미였죠. 나는 사람을 소중히 여기는 그의 태도에 감탄했습니다.

그뿐이 아닙니다. 이곳의 와이너리에서는 어떤 상황에서든 최고 품질의 와인을 만들어서 고객들에게 즐거움을 주는 일을 가장 중요하게 여깁니다. 몇 병이나 생산해서 파느냐, 얼마나 매상을 많이 올리느냐는 그다음 문제인 것 같았습니다.

데이비드 피어슨과의 만남으로 오퍼스원이 더욱 좋아진 나는 이후 오퍼스원을 마실 때마다 이 와인이 내게 오기까지의 과정과 드라마, 그리고 데이비드 피어슨을 비롯해 이 와인이 거쳐온 모든 이들을 생각합니다.

**초일류를 향하여**

당신도 '오퍼스원'과 같은, 마음에 쏙 드는 술이나 음료를 하나쯤 가져보면 어떨까요?

## 23

# 가능성
## POTENTIAL

•

기대하며
그리는
미래

**스카일라 그레이**

---

**스카일라 그레이(Skylar Grey)** 미국의 싱어송라이터이자 작곡가. 2005년에 EP 앨범 《Holly Brook》으로 데뷔했다. 대표곡은 〈C'mon Let Me Ride〉이며, 영화 〈그레이의 50가지 그림자〉의 사운드트랙 작업에도 참여했다.

나는 사람이든 상품이든 한번 좋다는 생각이 들면 바로 동네방네 입소문을 내는 사람입니다. 한편으로는 아직 널리 알려지지 않았지만 장차 크게 성공하겠다 싶은 것들을 찾아다니는 일도 무척 좋아합니다. 그런 면에서 나는 비교적 냄새를 잘 맡는 편입니다. 실제로 '이거 좋은데! 곧 뜨겠어!' 싶은 젊은 뮤지션이 대박을 터뜨린다거나, '올해에는 이 색깔을 나만의 테마 컬러로 삼아야지' 했던 색이 그 해의 트렌드 컬러로 꼽힌다거나, 눈여겨 보던 사람이 인기를 끈다거나 하는 일이 꽤 많습니다. 라스베이거스에서 개최한 내 사업 이벤트에 초청한 스카일라 그레이 역시 그런 '가능성'이 마음에 들어서 섭외한 아티스트였습니다.

그녀에 대해 잘 모르는 사람이라면 이번 기회에 꼭 기억해두길 바랍니다. 일본에서 아직 덜 알려졌을 뿐 미국에서는 이미 인기 가수로 인정받고 있으며 앞으로 더더욱 유명해질 테니 말입니다. 그녀 자신도 가수이면서 다른 아티스트들에게 곡을 제공하기도 하는데, 그녀가 작업한 싱글 작품은 전 세계에서 연 이천오백만 장을 팔아치웠다고 합니다. 2015년에 공개된 영화 〈그레이의 50가지 그림자〉의 사운드트랙에도 그녀의 곡이 수록되었습니다.

스카일라 그레이는 2011년도 그래미어워드를 TV로 시청하다가 알게 되었습니다. 최우수 레코드상을 비롯해 다섯 개 부문에 노미네이트된 〈러브 더 웨이 유 라이(Love The Way You Lie)〉를 에미넴과 리한나가 부르는 것을 듣는 순간 빠져들었는데, 이 곡의 작곡가가 스카일라 그레이라는 여성 가수란 사실을 알고서 흥미를 갖게 되었습니다. 그녀의 다른 곡도 들어보았더니 하나같이 굉장히 좋아서 '언제 한번 내 이벤트에 불러볼까' 생각하고 있었습니다.

라스베이거스의 이벤트에는 원래 브루노 마스를 부를 생각이었습니다. 이 가수 역시 막 데뷔했을 무렵 우연히 알고서 '이 사람 뜰 거야!'라고 확신했는데 내 예상보다 훨씬 빠른 속도로 유명해져서 인기를 모았기 때문에 내가 이벤트 기획을 시작했을 무렵에는 섭외가 어려울 정도로 톱스타가 돼 있었습니다. 당시 내가 '조금만 더 빨리 제의할걸' 하며 후회했음은 새삼 말할 필요도 없습니다. 그래서 대신할 게스트로 누가 좋을까 고민하던 차에 불쑥 생각난 사람이 스카일라 그레이였습니다.

라스베이거스의 무대는 그 이상이 없을 정도로 성공적이었고, 그녀와는 이후로 가깝게 지내고 있습니다. 열일곱 살의 나이로 유니버

설뮤직과 계약을 해서 벌써 12년의 경력과 실적을 쌓은 인기 스타이지만 잘난 척을 한다든가 거드름을 피운다든가 하는 구석이 전혀 없습니다. 꾸밈이 없고 소박하며, 어른스러운 한편 아이 같은 순수함까지 겸비하고 있습니다. 다도에도 흥미가 있다는 말에 일본에 왔을 때 내 집의 다다미방에서 직접 차를 끓여 대접했더니 무척 좋아하면서 그에 대한 보답으로 종이학을 접어주었습니다.

솔트레이크시티에 있는 스카일라 그레이의 자택에도 초대받아서 간 적이 있는데, 당시 재미있는 만남이 하나 있었습니다. 근처 레스토랑에서 스카일라 그레이와 식사를 하다가 "아는 사람이 있네요. 가오루 씨께도 소개해 드릴게요" 해서 소개받은 사람이 놀랍게도 세이지 코첸버그였습니다. 그는 소치올림픽의 스노보드 슬로프스타일 금메달리스트인데, 그 역시 매우 꾸밈이 없고 소탈해서 대화하기 편한 젊은이였습니다. 방금 만났는데도 금세 의기투합해서 다음에 세이지 코첸버그가 일본에 오면 함께 식사를 하자는 약속까지 주고받았습니다. 항상 생각하는 것인데, 좋은 사람은 역시나 좋은 인연도 끌어다줍니다. 스카일라 그레이 덕분에 또 하나 좋은 인연을 맺었습니다.

스카일라 그레이를 볼 때면 '이 사람은 앞으로 어떤 식으로 발전할까' 궁금해집니다. 성장 가능성이 크고 변화의 방향성도 다양해 보이기 때문입니다. 다음에는 어떤 모습의 스카일라 그레이를 보여줄지 가슴이 두근거려서 기다리기 힘들 정도입니다.

가능성이 있다는 말은 어떤 의미에서는 최강의 칭찬이 아닐까 합니다. 지금보다도 더욱 진화한 자신으로 거듭날 수 있다는 얘기이니까요. 아무리 나이를 먹어도, 또 어떤 상황에서든 자신에게 한계를 두지 않고 '내게는 아직 가능성이 있다'라고 자신하며 살 수 있다면 삶이 훨씬 재미있어질 것 같습니다.

 **초일류를 향하여**

당신은 자신의 가능성을 얼마나 크게 보고 있나요? 아직 가능성이 커 보이지 않는다면 '내게는 아직 가능성이 있다'라고 외치십시오. 큰소리로 외치면 더욱 좋지만 매일 아침마다 마음속으로 외쳐도 상관없습니다.

## 24

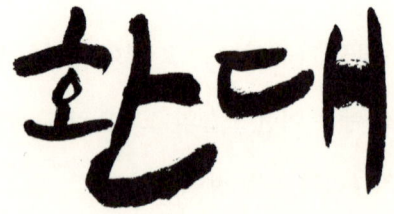

## HOSPITALITY

•

다시 찾고 싶은
시간과
공간의 선물

**노부 마츠히사**

---

**노부 마츠히사(Nobu Matsuhisa)** 도쿄의 스시 전문점에서 7년간 수업한 뒤 24세의 나이로 페루에 스시 레스토랑을 개업하고, 이후 아르헨티나의 부에노스아이레스를 거쳐 미국 알래스카로 옮겨 가게를 냈다. 1987년에 비벌리힐스에 '마츠히사(Matsuhisa)'를 개점해 일식에 서양요리와 남미 요리를 도입해서 할리우드의 유명인사들을 매료시킨 그는 7년 뒤인 1994년 배우 로버트 드니로의 제의로 뉴욕에, 2000년에는 디자이너 조르지오 아르마니와 파트너십을 맺고 이탈리아 밀라노에 '노부'를 오픈했다. 전미 베스트 셰프 10인(《Food & Wine》), 전미 맛 부문 1위(《Zagat Survey》)에 선정되었으며, 2005년에는 타임지의 '아시아의 영웅'으로 선정되었다. 영국 런던에 있는 '노부'는 미슐랭 1스타를 획득했다. 현재 전 세계를 상대로 다수의 레스토랑을 경영하고 있다.

'환대'.

2020년 도쿄올림픽을 유치하면서 화제가 된 말이지만, 내 안에서는 훨씬 전부터 노부 마츠히사를 표현하는 단어였습니다.

노부 마츠히사는 전 세계에 레스토랑 체인을 가진 요리사이자 경영자입니다. 그는 고등학교 졸업 후 도쿄의 스시 전문점에서 기술을 익힌 다음 페루로 건너가 일식 레스토랑을 개업했습니다. 이것만 봐도 벌써 말도 안 되는 배짱을 가졌다는 것을 알 수 있습니다. 그런데 페루에서 다시 아르헨티나로 갔다가 미국의 알래스카주와 LA를 거쳐 비벌리힐스에서 레스토랑을 개점했다니, 할 말을 잃었습니다. 그리고 여기서 운명적인 만남이 찾아옵니다. 가게 단골이었던 로버트 드니로의 공동경영 제의를 받아들여 뉴욕에 레스토랑 '노부(NOBU)'를 오픈하게 된 것입니다. 이후 다시 조르지오 아르마니와의 공동경영으로 이탈리아 밀라노에도 가게를 내는 등 레스토랑 노부는 날로 성장합니다.

나와 노부 마츠히사의 만남 역시 불가사의한 인연이었습니다. 어느 날 LA에서 마이클 조던이 출전한 NBA 시합을 관전하고 돌아오는 길에 "여기가 맛있습니다"라는 여행사 직원의 추천을 받아 동료와 함께 노부 마츠히사의 가게로 갔습니다.

가게에 들어서자마자 눈에 띈 것은 아크릴 상자에 넣어서 장식해 놓은 제프 해밀턴의 재킷이었습니다. 노부 마츠히사를 위해 만든 특별한 재킷으로 사인도 들어 있었습니다. 놀라서 마츠히사 부인께 "제프 해밀턴이 자주 오나요?" 하고 물었더니 "예, 자주 봬요"라고 했습니다. 제프 해밀턴에게 줄곧 재킷을 맞추고 싶었던 내가 부인께 제프의 연락처를 물었더니 그 자리에서 전화해서는 나중에 제프 해밀턴이 내가 묵는 호텔로 올 수 있도록 약속을 잡아주었습니다. 이 일을 계기로 제프 해밀턴과도 가까워졌습니다.

노부 마츠히사는 당시 가게에 없어 만나지 못했는데, 다시 LA에 갈 기회가 생겨서 가게에 들렀을 때는 만날 수 있었습니다. 부인도 함께한 자리에서 제프 해밀턴과의 일에 대해 인사를 전하고, 그 이후로도 계속 신세를 지고 있습니다.

노부 마츠히사의 가게는 기본적으로 일본 요리가 전문이지만 전통적인 일식은 아닙니다. 일본 요리의 정신은 유지한 채 다양한 나라의 요리가 지닌 풍미를 노부 마츠히사만의 감각으로 접목한 덕분에 어느 나라의 누구라도 먹기 쉬운 '친근한 일식'으로 탄생했습니다. 젊은 나이에 독립해서 여러 나라를 거치는 동안, 더군다나 일본과는 전혀 다른 문화 속에서 경험한 것들이 분명 그의 요리 속에 살아 있으리라 봅니다. 그래서 그의 요리는 자유롭습니다. '내 요리는 일본 요리이니 꼭 이래야 한다'고 고집하지 않고 손님이 요청하는 것이 있으면 되도록 응한다고 합니다. 그런 '환대'의 마음이 전해지기에 손님들도 '또 오고 싶다'는 마음이 드는 것일 테지요.

그런데 노부 마츠히사의 환대에는 별난 구석이 있습니다. 사람과 사람을, 다시 말해 손님끼리 가까워지도록 이어줍니다. 물론 가게에 오는 사람들 모두에게 이런 일을 하지는 않습니다. '이 사람에게는 저 사람을 소개하면 좋겠다'라는 직감이 오면 노부 마츠히사가 나섭니다. 나도 그런 식으로 케니 지와 제프 해밀턴, 로버트 드니로, 성룡 등을 소개받았습니다. 그 소개 방법도 기가 막힙니다. 서로 이어줄 사람을 지나가는 말투로 칭찬하면서 인간성을 알기 쉽게 간추려서 전달합니다. 항상 감탄하는 부분인데, '나도 이런 식으로 사람을 소개할 수 있으면 좋겠다'는 생각이 절로 듭니다.

지금은 성공했지만 노부 마츠히사의 인생이 순조롭지만은 않았고, 오히려 고생을 더 많이 하지 않았나 싶습니다. 초등학생 때 아버지를 여의었고, 낯선 해외에서의 생활도 여러 가지로 힘들었을 것입니다. 가게가 잘되지 않을 때도 있었겠지요. 하지만 그런 경험 덕분에 인내력을 기를 수 있었다고 노부 마츠히사는 말합니다. 그리고 "손님들이 매일매일의 생활 속에서 일이 잘 풀리지 않거나 고민거리가 있다 하더라도 자신의 가게에서 식사를 하는 동안만큼은 즐거운 한때를 보낼 수 있으면 기쁘겠다"는 말도 했습니다.

레스토랑 노부를 찾는 손님은 요리와 함께 이 같은 환대의 마음을 음미하러 옵니다. 그리고 '다음에 또 오자'고 생각하며 돌아갑니다. 마치 내가 그랬듯이요.

 초일류를 향하여

당신은 사업을 할 때 고객을 어떻게 환대하나요? 당신만의 특별한 환대 방법을 생각해보세요.

## 25

# 신의
## FAITHFULNESS

•

"한번 맺은
귀한 인연은
잊지 않는다"

**기 랄리베르테**

---

**기 랄리베르테(Guy Laliberte)** 캐나다의 거리 엔터테인먼트 그룹 '태양의 서커스'의 창시자이자 최고경영자이다. 1980년대 당시 외면받던 서커스를 부활시키기 위해 동물 조련사, 스타 곡예사 등을 과감히 포기하고 발레, 연극, 뮤지컬과 같은 예술적인 요소들을 도입해 예술성이 있는 무대를 만들어냈다. 몬트리올, 암스테르담, 라스베이거스, 싱가포르 등에 지점이 있다. 전 세계 누적 관객 수는 9000만 명, 직원은 700여 명의 예술가들을 포함해 현재 4000명이 넘는다. 2004년에 캐나다 훈장을 수상하고, 같은 해에 포브스 선정 '세계 500대 부자', 타임 선정 '세계에서 가장 영향력 있는 100인'에 잇달아 올랐다.

화려한 쇼 비즈니스의 세계에서 그 화려함을 가릴 만큼의 성공을 거두고 자신이 이끄는 엔터테인먼트 집단을 세계에서 모르는 이가 없을 정도로 확고부동한 일대 제국으로 끌어올린 한 남자, 전 세계에서 그들의 쇼를 보러 오는 고객들에게 한순간의 꿈과 흥분과 감동과 놀라움을 선사해온 그 남자가 항상 궁금했습니다. 그래서 그를 만나는 순간까지도 얼마만큼의 창조성과 리더십과 경영 수완을 지닌 압도적인 존재일지에 대해 기대와 흥미 그리고 아주 약간의 두려움을 품고 있었습니다. 그러나 내 앞에 나타난 그는 예상을 뛰어넘은 존재였습니다.

기 랄리베르테. 캐나다의 거리 공연자이자 사업가입니다. 그의 이름은 들어본 적은 없어도 엔터테인먼트 집단인 '태양의 서커스(Cirque du Soleil, 시르크 드 솔레이유)'는 들어보셨을 거예요. 그 집단의 창설자가 바로 기 랄리베르테입니다.

그와는 잡지사에서 주선한 대담을 통해서 처음 만났습니다. 사실 그전에 내 생일 기념 이벤트를 위해서 태양의 서커스 공연을 하루 전세 낸 적이 있었는데 공연은 믿을 수 없을 정도로 훌륭했습니다. 그래서 잡지사에서 그와 대담할 것을 제의했을 때 '이런 엄청난 서커스 집단의 수장은 도대체 어떤 사람일까' 하는 기대감에 수락을 했고 두근

거리는 가슴을 진정시키며 그날을 기다렸습니다.

만나자마자 '역시'란 생각이 들었습니다. 뭐가 '역시'인지 제대로 설명은 못 하겠지만, 어쨌거나 그는 태양의 서커스를 이끄는 데 걸맞은 인물이었고, 단순한 수완가가 아니라는 느낌을 받았습니다. 사업적으로는 대단히 유능해 보였고, 응수하는 말은 예리했으며, 나를 응시하는 눈은 열정으로 가득 했습니다. 그러면서 매우 여유롭고 솔직하고 마치 어린아이처럼 순수했습니다. 재미있는 사람이란 생각이 들었습니다.

나는 그와의 대담에 친구인 제프 해밀턴이 디자인한 재킷을 입고 갔습니다. 제프 해밀턴은 대통령이나 톱 아티스트, NBA 스타 선수 등을 고객으로 둔 미국을 통틀어 최고의 가죽 재킷 디자이너입니다. 내 재킷을 보자마자 기 랄리베르테가 말했습니다. "제프 해밀턴의 재킷이군요!" 내가 맞다고 하자 눈을 빛내며 "그에게 나를 위한 재킷을 맞추는 게 내 꿈입니다! 당신이 부럽군요! 어떻게 하면 나도 그렇게 할 수 있을까요?" 하고 물었습니다. 그래서 제프 해밀턴의 연락처를 알려주면서 직접 이야기해보라고 했습니다.

사실 그때 나는 무늬가 다른 제프 해밀턴의 재킷을 한 벌 더 가져 갔습니다. 마음에 들지 어떨지는 모르지만 기 랄리베르테에게 선물할 생각이었습니다. 내가 재킷을 내밀었을 때 기 랄리베르테의 표정은…… 말 안 해도 상상되지 않나요?

이렇게 시작된 대담은 활기차게 진행되었습니다. 그가 쇼에 거는 기개와 철학, 관객의 즐거움을 위해서라면 무슨 일이든 하겠다는 열정과 완벽주의 등 그의 말을 들으며 큰 공부가 되었습니다. 감성으로 승부하는 사업을 하지만, 감정적이 아니라 오히려 진지하고 신의가 있다는 인상을 받았습니다. '관객에게 감동과 놀라움을'이라는 목표를 높은 수준으로 장기간 이어가려면 그 정도의 진지함과 신의는 필요하다는 생각도 했습니다.

이 만남에는 후일담이 있습니다. 얼마 있다가 제프 해밀턴한테서 내게 화물이 도착했습니다. 열어 보니 태양의 서커스의 재킷이었습니다. 제프 해밀턴이 기 랄리베르테에게 보낼 물건을 착각하고 내게 보냈나 보다라고 생각해 바로 기 랄리베르테에게 메일을 보냈습니다. '제프가 당신에게 보낼 것을 실수로 제게 보냈나 본데, 바로 그쪽으로 부치겠습니다.' 그러자 기 랄리베르테한테서 금방 답장이 왔습니다. '그건 당신에게 드리는 선물입니다. 제프에게는 같은 재킷을 두 벌 부탁했습니다. 일전에 재킷을 선물로 받은 일도 있고, 또 우리 태양의 서커스를 이해해준 당신이 꼭 입어주셨으면 했습니다'라는 내용이었습니다. 진지하고 신의 있는 사람이란 내 예감은 적중했습니다.

기 랄리베르테는 매년 내 생일에 공을 들일 대로 들인 축하카드를 보냅니다. 카드를 읽다 보면 다시 한 번 태양의 서커스를 보러 가고 싶어집니다. 이 무슨 절묘한 타이밍인지, 마침 이 책을 쓰고 있을 때 그가 90퍼센트의 지분을 갖고 있는 태양의 서커스의 소유권을 대부분 매각한다는 뉴스가 흘러나왔습니다. 크리에이티브 어드바이저로서 사내에 남는다고는 하던데, 그가 다음에는 또 어떤 일로 우리를 놀라게 할지 기대됩니다.

 **초일류를 향하여**

당신은 얼마나 신의 있는 사람인가요? 당신이 아는 사람들 중에 진지하고 신의 있는 사람은 누구인가요? 그에게서 배울 점은 없는지 찾아보세요.

26

# 배움

## LEARNING

•

"궁금하니,
기쁜 마음으로
응하겠습니다"

카를로스 모야

**카를로스 모야(Carlos Moya)** 전 세계 랭킹 1위였던 스페인의 테니스 선수. 현재는 은퇴했다. 1997년 호주 오픈에서 준우승, 1998년 프랑스 오픈에서 우승했다. 2004년에는 데이비스컵 스페인 국가대표로 출전해 스페인의 우승에 기여했다. ATP 레벨의 대회에서 500경기 이상 승리를 거둔 네 명의 선수 중 한 명이다.

내 사업에서는 다 함께 공유하는 모토 비슷한 문구가 몇 개 있는데, 그중 하나가 'You can do it.'입니다. '당신은 할 수 있다!'란 뜻인데, 이 말에는 또 다른 문구가 세트처럼 따라옵니다. 'I will show you.'가 그것입니다. '내가 먼저 보여줄게요'란 뜻으로, 될 법하지 않은 일을 '가능한 일이니 해보세요'라고 강요하거나 내가 못 하는 일을 남한테 시키는 것이 아니라 '누구나 할 수 있는 일이니 어렵게 생각하지 마세요. 내가 먼저 해볼 테니 그대로 따라하면 당신도 할 수 있어요'의 의미를 담고 있습니다.

나 역시 지금의 사업을 시작한 이래로 이 말을 줄곧 실천해왔습니다. 많은 선배들로부터 가르침을 받았으며 다시 많은 후배들에게 가르침을 주고 있습니다.

그런데 과거에 딱 한 번, '난 못 하겠어'라고 생각했던 일을 남한테 부탁했던 적이 있습니다. 벌써 10년도 더 전의 일입니다.

당시 나는 타이의 푸껫에 있었습니다. 호텔에 체크인을 하는데 내가 들고 있던 테니스 라켓 케이스를 본 지배인이 "테니스를 좋아하십니까? 지금 ATP에서 랭킹 1위에 올랐던 선수가 이 호텔에 머무르고 계십니다. 테니스 코트에서 마주치실지도 모르겠네요"라고 말하는 것 아닙니까. 놀라서 "누군데요?"라고 물으니 "그건 알려드리기 곤란합니다"라며 대답을 얼버무렸습니다. 투숙객의 정보를 알려주지 않는 것은 호텔의 고객 보호 차원에서 당연한 일이지만, 그런 식으로 말끝을 흐릴 바에야 처음부터 그 선수가 머문다는 사실을 말하지 말았어야 했습니다. 그래서 내가 "거기까지 말했으니 알려주세요. 아니면 처음부터 말을 꺼내지 말았어야죠"라며 추궁했습니다. 내 박력에 밀리기도 했고, 또 당시 내가 그 호텔에서 가장 비싼 스위트룸에 머문다는 점도 작용해서 결국 지배인은 무거운 입을 열어 그 선수가 누구인지 가르쳐주었습니다.

"카를로스 모야입니다."

거짓말 같은 이야기였습니다. 카를로스 모야는 스페인 사람으로는 최초로 세계 1위에 오른 선수로 나도 정말 좋아했으니까요. 그래서 나는 지배인에게 다시 "카를로스 모야와 식사를 하고 싶으니 내가 초대한다고 전해주세요" 하고 부탁했습니다. 지배인은 '이 사람이 무슨 소리를 하는 거야'라는 얼굴로 난처해하며 "그건 좀 어렵겠어요"라며 거절했습니다. 그래서 "내 초대에 응하느냐 마느냐는 카를로스 모야가 결정할 일이에요. 거절한다면야 어쩔 수 없지만 그에게 전달하는 건 당신의 일이 아닌가요?"라고 내가 말하자 지배인도 태도를 바꿔 "알겠습니다"란 대답과 함께 그 자리에서 카를로스 모야의 방으로 전화를 걸었습니다. 전화 저쪽에서 아마도 카를로스 모야가 그 사람이 누구냐고 물었는지 지배인이 "미스터 나카지마 씨라고, 암웨이에서 세계 1위인 분입니다"라고 설명했습니다. 지배인이 수화기를 내려놓고 나를 돌아보더니 "기쁜 마음으로 응하시겠답니다"라고 말했습니다.

이렇게 해서 카를로스 모야와 식사를 하게 되었습니다. 테니스라는 공통의 관심사로 정말 즐겁게 이야기를 나눌 수 있었습니다. 이 일을 계기로 카를로스 모야와 친해져서 메일까지 주고받고 있습니다.

레스토랑에서 테이블에 앉아 이야기를 나누는 동안 나는 문득, 만약 반대 입장이었다면 내가 초대에 응했을지 생각해보았습니다. 아무리 지배인을 통했다고는 하지만 만난 적도 없는 사람과 식사를 했을까? 답은 '아니오'였습니다. 하지만 카를로스 모야는 정말로 가볍게 그렇게 하겠다고 했습니다. 그래서 카를로스 모야에게 왜 내 초대를 받아들였는지를 물어보았습니다. 그러자 "지배인의 말을 들으니 신분이 확실한 분이고, 거기다 세계 1위라는 사람과 만나보고 싶다는 생각이 들었어요"라고 시원스레 대답했습니다. 이 사람 정말 대단하구나, 생각했습니다. 나도 호기심이 강하다고 자부하는데, 그는 나보다 더한 지도 모르겠습니다.

그런데 그 자리에서 카를로스 모야가 "지금 제가 기르는 선수 중에 굉장히 센스가 좋은 아이가 있어요. 이 아이는 장차 세계 1위가 될지도 몰라요"라는 말을 했습니다. "그게 누굽니까?" 물었더니 "꼭 기억해두세요"라는 말과 함께 종이에 선수의 이름을 적어서 주었습니다. 그 종이에 적힌 이름은 '라파엘 나달'이었습니다. 그리고 얼마 안 돼 라파엘 나달의 대활약이 시작되었는데, 나는 그의 시합을 볼 때마다 푸껫에서 카를로스 모야와 함께했던 시간과 그를 통해 배운 것들을 떠올립니다.

 **초일류를 향하여**

당신의 호기심은 어디를 향해 있나요? 그 호기심을 채워나갈 배움의 의욕은 얼마나 있나요?

## 27

# 자선
## CHARITY

•

진심을 담아
누군가를 도우며
기쁨을 느낀다

**성룡**

---

**성룡(Jackie Chan)** 홍콩 출신의 영화배우이자 각본가, 감독, 제작자, 무술가이며 가수이기도 하다. 영어권 활동 이름은 재키 챈(Jackie Chan)이다. 현재 대한민국의 경상남도 통영시의 명예시민이다. 스턴트맨과 단역배우로 출발했으나 현재까지 100여 편의 영화에 출연할 만큼 슈퍼스타가 되었다. 동물 보호 활동도 하는데, 멸종 위기에 처한 중국 남쪽 지방의 호랑이를 구하기 위한 캠페인에 참가하는가 하면, 1990년대 초반 PETA에 의해 진행된 중화민국 타이완의 유기견 보호소의 열악한 환경을 바꾸기 위한 대정부 설득 활동도 했다. 몇 해 전에는 사후에 전 재산을 아들에게 물려주지 않고 사회에 기부하겠다고 공언해 화제가 되었다.

부모님이 장사를 하시는 까닭에 어렸을 적부터 두 명의 누이와 함께 양친을 돕던 나는 '누군가를 돕는 일은 좋은 일'이라는 의식이 몸에 배어 있습니다.

'손님들이 많이 기뻐하면, 즉 물건에 만족하면 더 많이 사고 다음에도 또 오겠지.'

나는 다른 사람들이 기뻐하는 얼굴을 보는 것이 무엇보다 좋았고, 그 마음은 지금도 변함이 없습니다.

사람은 누구나 나 외의 다른 사람을 도울 수 있습니다. 나는 줄곧 그렇게 믿어왔습니다. 그런 내가 어른이 돼서 자선에 흥미를 가진 것은 지극히 자연스러운 흐름이었습니다. 단발성으로 여러 자선 이벤트에 참여하거나 다양한 단체에 기부를 했는데, 언제부터인가 맹도견 육성을 위한 자선으로서 내 회사의 매출 일부를 일본맹도견협회에 지속적으로 기부하고 있습니다. 거리에서 맹도견을 보고 그 모습에 감동받았던 것이 시작이었으며, 맹도견 한 마리를 육성하는 데 엄청난 수고와 시간과 돈이 든다는 사실을 알게 되면서 '나도 뭔가 하고 싶다!'고 생각한 것이 계기였습니다.

내가 할 수 있는 범위 내에서 협력하고 다소나마 세상에 도움이 된다는 기쁨도 있었습니다. 하지만 이런 내 태도가 아직은 한참 부족하다는 사실을 통렬하게 깨달은 사건이 있었습니다. 성룡의 자선 활동을 가까이에서 지켜봤을 때의 일입니다.

전 세계를 무대로 레스토랑 사업을 벌이는 노부 마츠히사로부터 "베이징에도 가게를 오픈하는데, 그 파티에 오지 않으실래요?"라고 초대를 받았습니다. 베이징에는 가본 적이 없었기 때문에 마침 좋은 기회란 생각이 들어서 가겠다고 회신했습니다. 그곳에서 성룡과 만났습니다. 성룡은 베이징 노부의 공동경영자이기도 해서 노부 마츠히사가 소개해주었습니다.

그날은 동일본대지진 직후인 4월 7일이었는데, 마침 성룡의 생일이기도 했습니다. 원래대로라면 잔뜩 축하를 받으며 파티를 즐겨도 됐을 텐데 성룡은 그 자리에서 대지진에 관해 언급하며 그곳에 모인 사람들에게 기부를 호소했습니다. 물론 자신도 공동경영자로서, 그리고 개인적으로도 몇 천만 엔에 달하는 금액을 기부했습니다. 일본에서 발생한 재해에 이렇게 자신의 일처럼 나서는 성룡을 보며 나는 감동을 받는 한편 자선에 대한 내 생각이 아직은 한참 부족하다고 반성했습니다. '내가 할 수 있는 일을 한다. 그리고 거기에는 반드시 진심이

담겨야 한다'는 결심도 했습니다.

그날 밤 이후로 내가 품고 있던 성룡의 이미지는 '위대한 액션 스타'에서 '마음속 깊이 존경할 만한 훌륭한 인격을 갖춘 위대한 액션 스타'로 바뀌었습니다. 그는 자신의 출연작에서도 목숨을 건 스턴트를 대부분 직접 해냅니다. 그래서 큰 부상을 입은 적도 있지만, 그럼에도 다음 영화에서 다시 도전합니다. 항상 자기 일에 이토록 진심으로 달려드는 사람이기에 자선에도 그만큼 진심을 담을 수 있나 봅니다.

그러고 보니 그는 이미 "전 재산을 내 자식에게 유산으로 물려주지 않고 모두 기부하겠다"라고 선언했습니다. 자산이 200억 엔 혹은 300억 엔이라고도 추정되지만 자기 자식에게는 스스로 돈을 벌 능력이 있으니 아버지의 돈을 믿지 말고 열심히 살길 바란다는 말을 당시에 했었습니다. 그 뒤 시간이 흘러서, 역시나 아들에게는 재산을 남겨주기로 했다는 뉴스가 나왔습니다. 사건을 일으켜 실형 판결을 받고 복역한 아들이 달라진 모습을 보고 마음이 움직인 것 같다는 분석이 었는데, 성룡이 평소 가지고 있던 '약자를 돕는다'는 마음이 자식에게로 향한 것이 아니었을까 추측해봅니다.

그날 밤을 계기로 자선에 대한 생각이 크게 바뀐 나는 이후 맹도견 육성과 관련한 활동을 더욱 열정적으로 하고 있습니다. 내게 가능한 범위 내에서, 진심을 담아서 말입니다. '누군가를 돕는다'는 기쁨은 진심을 담을 때 더욱 배가되는 법입니다.

 **초일류를 향하여**

당신이 진심으로 남을 도울 수 있는 일엔 무엇이 있을까요? 당신의 능력 안에서 찾아보세요.

# 28

## BUSINESS

•

"사람들에게
기쁨을 주는
물건을 판다"

**티에리 나타프**

---

**티에리 나타프(Thierry Nataf)** 전 제니스(스위스의 시계 브랜드) 사장. 2002년에 취임해 2009년에 퇴임했다. 재임 기간 동안 제니스의 이미지를 하이엔드 급으로 끌어올렸다는 평가를 받고 있다. 현재는 제니스에서 나와 개인사업을 하고 있다.

매우 운이 좋게도 나는 지금 하는 사업을 정말 좋아합니다. 원래 적성에 맞는 일이었는지는 몰라도, 어쨌거나 '해야 할 일을 좋아하기'는 내 장점 중 하나라서 일이 잘 안 풀리거나 안 좋은 일이 생겨도 좌절하지 않고 결국 좋은 일로 전환시킵니다. 내가 내 사업을 너무 좋아하니까 함께 일하는 동료들은 농담 반 진담 반으로 "이미 성공했으니 이제 그만 은퇴해서 편히 즐기며 지내지 그러냐?"라고 말할 정도입니다. 그렇기 때문에 나보다 더 자신에게 잘 맞는 일을 하고 나보다 더 일을 좋아하고 나보다 더 일을 즐기는 사람은 없지 않을까 생각하고 있었습니다. 하지만 '이 사람, 나보다 한 수 위 아냐?' 싶은 사람을 어느 날 만나고 말았습니다. 그 사람이 티에리 나타프입니다. 알게 된 당시에 그는 제니스라는 최고급 시계 브랜드의 사장이었습니다.

내 사업 이벤트로 고시노 준코의 패션쇼를 열기로 했을 때의 일입니다. 장소는 롯폰기의 그랜드하얏트도쿄였는데, 나는 쇼가 끝난 뒤 모델 역을 해준 동료들과 스태프 전원에게 뒤풀이 파티를 열어줄 생각에 가장 넓은 방을 예약하려 했습니다. 그런데 그날은 마침 먼저 예약을 한 사람이 있다고 해서 할 수 없이 다른 방을 예약했습니다.

패션쇼가 열리기 전날 밤에 친구들과 식사를 하면서 쇼를 보러 오라고 초대했습니다. 초대를 받고 모두 기뻐하는데 한 명만 선약이 있어서 미안하지만 못 오겠다고 했습니다. 그 선약이란 것이, 내가 예약하지 못한 가장 넓은 방에서 열리는 제니스의 VIP용 쇼룸에서의 통역 일이었습니다. 이게 무슨 우연이란 말입니까. 그가 이 사연을 제니스 사장인 티에리 나타프에게 지나가는 말로 흘렸는지, 뒤에 티에리 나타프한테서 "그 쇼를 보고 싶군요" 하고 연락이 왔습니다.

당일 티에리 나타프가 이벤트 시작 전에 나를 방으로 불렀습니다. 그런데 놀랍게도 "당신도 이곳을 예약하려고 하셨다지요? 내가 먼저 예약해서 미안하게 됐군요"라며 제니스 시계를 하나 척 내미는 것입니다! 이런 고가의 물건은 받을 수 없다고 거절했지만, 꼭 받아달라며 끈질기게 권하기에 감사히 받았습니다.

패션쇼가 끝나고 다 함께 식사를 할 때 티에리 나타프도 초대했습니다. 재미있는 사람 같았고 '이 사람에게는 아직 내가 발견하지 못한 매력이 더 있지 않을까' 하는 느낌이 들어 좀 더 대화를 나누고 싶었기 때문입니다. 그리고 내 예감은 맞아떨어졌습니다. 그가 007가방 비슷한 것을 들고 와서는 딱 여는데, 안에는 제니스의 최신 모델이 쫙 늘어서 있었습니다. 하나하나가 굉장히 멋있었습니다. 모두 "우와!"

감탄하며 주목한 순간 티에리 나타프가 싱글벙글 웃는 얼굴로 "올해의 모델로 여러분께 어울릴 것 같아 가져왔습니다. 사양 말고 구경하세요"라며 하나씩 꺼내기 시작했습니다. 그리고 한 사람 한 사람에게 권하는데, 모두에게 정말 잘 어울리고 멋진 시계들뿐이라 다들 "우와 좋다", "이거 굉장한데"라고 감탄을 거듭했고, 결국 눈 깜짝할 사이에 다섯 개가 팔려나갔습니다.

티에리 나타프를 보며 세 가지 사업 수완을 배웠습니다. 우선, 사람을 보고 '이 시계를 살 것 같다'고 순간적으로 분위기를 간파하는 감각입니다. 또 각자에게 어울리는 물건을 골라 온 센스도 좋습니다. 마지막으로, 느닷없이 상품을 내놓고 권하는데도 강매하는 느낌이 전혀 없고 오히려 구입한 사람 입에서 "이런 시계를 갖고 싶었어요"라는 말이 나오게 만드는 수완이 그렇습니다. 영업사원이라면 모르겠는데, 티에리 나타프는 사장입니다. 이 사람은 천생 영업사원이구나, 상품을 파는 것도 좋아하지만 자기 회사 상품도 엄청 좋아하는구나 하고 진심으로 감탄했습니다. '사람들에게 기쁨을 주는 물건을 판다'는 자부심에 보는 사람의 기분마저 좋아질 정도였습니다.

티에리 나타프는 이후 제니스를 떠나 지금은 자신의 사업을 시작했다고 합니다. 다른 사람도 아닌 티에리 나타프라면 무슨 일을 하든 아마도 굉장한 결과를 내겠지요. 그 모든 과정을 마음껏 즐기면서 말입니다. 선물로 받은 시계를 볼 때마다 그에게 지지 않도록 나 또한 내 사업을 마음껏 즐기면서 결과를 내야겠다고 항상 다짐합니다.

 **초일류를 향하여**

당신이 지금의 사업을 더욱 성장시키려면 어떻게 해야 할까요? 티에리 나타프의 방식을 사업과 결부시켜 방법을 찾아보세요.

… 29

# 패션

## FASHION

•

나만의 스타일을
찾아가는
과정

**톰 브라운**

---

**톰 브라운(Thom Browne)** 패션 디자이너. 경영학과를 졸업한 후 조르지오 아르마니 매장에서 판매직원으로 아르바이트를 하다가 클럽모나코에서 어시스턴트 디자이너로 일을 한 뒤 자신의 이름을 내세운 디자인 회사 '톰브라운'을 2003년에 설립했다. 정식으로 디자인 교육을 받지 않았음에도 불구하고 그의 디자인은 많은 스타들의 사랑을 받고 있다. 2006년에 미국 패션디자이너협회 남성복 부문 올해의 디자이너상을, 2008년에는 GQ 올해의 디자이너상을, 2012년에 내셔널 디자인 어워드를 수상했다.

독자 중에는 "패션 같은 건 흥미 없어요"라고 말하는 분도 있겠지요. 일로 바쁜 비즈니스맨이라면 옷차림은 부인에게 일임했을 수도 있고, 어린 자녀를 키우는 엄마라면 육아로 바빠서 옷에 신경 쓸 시간이 없을지도 모릅니다.

하지만 잠깐만 생각해봅시다. 머리끝에서 발끝까지 디자이너 브랜드로 도배할 필요는 없지만 '나는 이런 색깔이나 디자인이 좋다'거나, '평소에는 잘 안 입지만 한 번쯤 입어보고 싶은 색이나 디자인이 있다' 정도만이라도 스스로 의식하고 있는 편이 좋지 않을까요? 몸에 걸치는 것들은 자신의 취향을 나타내는 수단이니까요. 즉 옷은 사람들에게 내가 어떤 사람인지를 보여줍니다. 지나친 과장이라고 생각할 수도 있지만 사실입니다. 그렇기에 입고 있는 옷을 바꿈으로써 비교적 간단히 나를 변화시킬 수도 있습니다.

"옷차림은 나를 비추는 거울이니 소홀히 할 수 없다"는 괴테의 말처럼 패션은 '소홀히 여기지도, 그렇다고 너무 과하지 않게 나다움을 즐기는 것'이라고 생각합니다. 나 역시 최근에야 간신히 '나다움'을 표현하는 방법을 막연하게나마 이해하게 돼서 그렇잖아도 좋아하던 패션이 더욱 좋아진 참입니다.

지금보다 젊었을 적의 내 취향은 화려하면서 개성 있는 스타일이었습니다. 베르사체나 돌체앤가바나, 로베르토 카발리처럼 한눈에 누가 디자인했는지 알 수 있는 옷을 좋아해서 자주 입었습니다. 지금은 취향이 바뀌어서 클래시컬하지만 깔끔하면서도 개성 있는 옷을 즐겨 입습니다. 내 취향이 이런 식으로 바뀌게 된 계기가 있습니다. 바로 톰 브라운이라는 디자이너와의 만남이었습니다.

랄프로렌에서 디자인을 배운 뒤 독립한 톰 브라운은 이제는 세계적으로 명성이 높은 디자이너입니다. 한국의 아이돌 그룹 빅뱅의 지드래곤이 그의 옷의 엄청난 팬이라고 해서 더 유명해졌습니다. 나는 톰 브라운의 옷을 패션 잡지에서 처음 보았는데, 보는 순간 마음이 끌렸습니다. 심플하고 보수적인 느낌에 그만의 독특한 감각과 장난기가 더해지고 품질까지 우수해 보편적이면서도 새로운 패션을 창조했다는 생각까지 들었습니다. 당시에는 유감스럽게도 아직 일본에 매장이 없어서 구입할 수 없었지만, 얼마 안 돼 기회가 찾아왔습니다. 뉴욕에 갈 일이 생겼으니까요. 하지만 생각지도 못하게 뉴욕에 가기도 전에 톰 브라운과 만나게 되었습니다.

동료들과 베니스에 갔을 때였습니다. 치프리아니라는 근사한 호텔에 숙박했는데, 그곳 풀장 가에 톰 브라운이 있었습니다. 내 친구가 먼저 그를 알아보고 알려줬는데, 우리 둘 다 그의 옷을 좋아해서 말을 걸고 함께 사진도 찍었습니다. 그리고 얼마 있다가 뉴욕에 갔을 때 '맞다, 톰 브라운의 가게에 들러야지' 하고 찾아갔더니 톰 브라운이 가게에 있었습니다. 그는 한눈에 나를 알아보지는 못했습니다. 하지만 우연히 가지고 간 태블릿에 베니스에서 함께 찍은 사진이 들어 있어서 그에게 보여주자 톰 브라운은 나를 기억해냈고, 우리는 서로 즐겁게 대화를 나눴습니다.

톰 브라운의 옷이라고 하면, 색은 회색에 모양은 크롭팬츠나 반바지 슈트가 트레이드마크입니다. 하지만 반바지 슈트는 내 취향이 아니라서 가게에 진열된 옷들과는 별도로 슈트와 셔츠를 몇 벌 주문했습니다. 나중에 완성된 옷을 보니 하나같이 멋있었습니다. 평소 톰 브라운의 디자인과는 살짝 달랐는데, 그 점도 좋았습니다.

그 이후로 톰 브라운은 '나카지마 가오루만의 스타일'로 내 옷을 특별히 만들어줍니다. 나는 가게에서 살 수 없는 옷을 입을 수 있어서 기쁘고, 톰 브라운은 평소의 자기 스타일과 다른 옷을 만들 수 있어서 즐거운가 봅니다. 지금은 풀오더(full-order)한 셔츠나 슈트의 안쪽에 'KAORU NAKAJIMA'라고 내 이름이 들어간 태그를 박아줍니다. 이런 서비스는 어디서도 누릴 수 없는 호사이지만, 톰 브라운과의 교류로 내 수준이 높아졌다는 기분마저 듭니다.

톰 브라운과는 사적으로도 가까운데, 그가 내게 권해준 옷은 항상 상상을 뛰어넘어 기가 막힐 정도로 훌륭합니다. 옷을 맞출 때마다 인생의 새로운 문이 열리는 듯한 느낌이 들고, 패션의 유용성도 실감합니다.

 **초일류를 향하여**

당신만의 패션 스타일을 찾아보세요. 다소 유행과 거리가 있다면 당신의 스타일을 살리는 방향으로 유행 아이템을 활용해보세요.

# 30

# 프로의식

## PROFESSIONALISM

"프로의
자부심만 있다면
불가능한 일은
없다"

**피에르 가니에르**

> **피에르 가니에르(Pierre Gagnaire)** 요리 연구가이자 레스토랑 '피에르 가니에르'(미슐랭 가이드 3스타)의 CEO. 프랑스 요리 전문지 〈르셰프〉가 미슐랭 가이드로부터 2스타, 3스타를 받은 전 세계 셰프들을 대상으로 실시한 조사에서 전 세계 100대 셰프 중 1위로 선정되었다. 주방에서 화를 내거나 소리를 지르는 일이 없고, 경험이 부족한 요리사들을 대할 때는 모범을 보이면서 해결책을 찾아주는 것으로 알려져 있다. 신이 즐기는 요리, 요리계의 피카소라는 찬사를 받으며 프랑스 요리의 지존으로 칭송받고 있다.

나는 사업상 혹은 개인적으로 다양한 식당에서 식사를 할 기회가 많은데, 요리가 맛있으면 그 음식을 만든 사람에게 흥미가 생깁니다. 그래서 훌륭한 식사에 감격하며 요리장이나 주방장에게 마음에서 우러나오는 인사를 전하곤 합니다. 개중에는 그뒤로 친구처럼 친하게 지내거나 사업 이벤트로 일을 의뢰하는 등 가게 밖에서의 교류가 늘어나는 사람도 있습니다. 앞에 나온 노부 마츠히사도 그랬고, 셰프는 아니지만 소믈리에로서 세계 유수의 와인 콜렉터이자 피렌체에 있는 미슐랭 3스타에 빛나는 레스토랑의 오너 조르지오 핀치오리(Giorgio Pinchiorri)와도 그런 사이입니다.

조르지오 핀치오리는 예전에 우리의 우정에 대한 증표로 'KAORU NAKAJIMA 37'이라고 이름 붙인 와인을 만들어주었습니다. 토스카나 최고의 포도밭에서 수확한 산조베제 품종과 메를로 품종으로 만든 이 와인에는 내가 디자인을 감수한 라벨이 붙어 있는데, 나는 이 와인을 마실 때마다 그와의 우정을 깊이 음미하곤 합니다.

미슐랭 3스타 셰프인 피에르 가니에르 역시 그런 사람 중 한 명입니다. 그는 프랑스 생테티엔에 낸 가게에서 한 번 미슐랭 3스타를 획득했으나 파산해서 폐점했고, 그 뒤 파리에서 지인의 도움으로 연 가게에서 다시 미슐랭 3스타를 받은, 믿을 수 없는 경력의 소유자이자 발군의 실력을 자랑하는 초일류 요리사입니다.

그의 식당에는 몇 번 갔었는데, 갈 때마다 늘 신선한 놀라움을 안겨주던 요리의 향연을 잊을 수 없습니다. 프랑스 요리라기보다는 '가니에르 요리'라는 느낌이 들었고, 독창적인 메뉴는 보기만 해도 가슴이 두근거립니다.

그의 진가가 유감없이 발휘된 적이 있었습니다. 언젠가 우에노의 도쿄국립박물관을 전세 내서 내 생일 파티를 했습니다. 모든 손님은 느긋하게 명화를 감상한 뒤 전원 착석해 식사를 하는 일정으로 계획을 잡았습니다. 이때의 디너는 피에르 가니에르가 맡았습니다. 결과는 당연히 대성공이었고, 모두가 만족한 최고로 기분 좋은 디너였습니다.

이 일을 피에르 가니에르에게 부탁한 데에는 몇 가지 이유가 있었습니다. 우선 식사가 훌륭해야 했고, 내 생일 파티인 만큼 평범한 프랑스 요리에서는 맛볼 수 없는 신선함과 함께 박물관이라는 장소에 걸맞은 예술적인 향기까지 원했기 때문입니다. 피에르 가니에르의 요리라면 이 모든 욕구를 충족시키고도 남으리라 믿고 그를 특별히 선택한 것이었습니다.

　게다가 이번 기획에는 난점이 하나 있었습니다. 박물관 내부라 불을 사용할 수 없었습니다. 그렇다고 따뜻한 요리를 하나도 내지 않고 전채 같은 것만 내면 식사를 맛있게 했다는 생각이 들지 않습니다. 이 문제 역시 아이디어로 해결할 만한 사람은 피에르 가니에르밖에 없다고 생각했습니다. 내 예상대로 그는 완벽한 사전 준비와 최소한의 전기 기구 등을 활용해 멋지게 임무를 완수해냈고, 레스토랑 요리와 비교해 전혀 손색이 없는, 아니 그 이상 가는 수많은 요리를 우리 눈앞에 내놓았습니다.

　사실 이 기획을 그에게 의뢰하면서 너무나 가혹한 조건 때문에 어쩌면 거절당할지도 모른다는 생각을 했습니다. 하지만 그의 반응은 정반대였습니다. "가능합니다. 맡겨주십시오"라며 받아들이는데, 오히려 즐거워 보였습니다. 요리에 대한 도전을 미치도록 좋아하는 모험가 같았고, '서비스란 무엇인가'를 철저히 이해한 프로의 표정도 보였습니다.

　그는 실제로 이 기획을 둘러싼 상황과 조건을 충분히 이해하고 무엇이 필요한지도 그 자리에서 파악했습니다. 그리고 모든 과정이 아무런 문제없이 원활하게 진행되도록 계획을 짰으며, 그대로 움직였습니다. 도쿄국립박물관에서 훌륭한 식사를 즐기는 내내 '프로의식이란 이런 것이구나!' 하고 감탄했음은 두말할 필요도 없습니다.

곤란한 상황에 처했을 때 '못한다'고 말하기는 쉽습니다. 하지만 쉽고 편한 길로 가지 않고 '어떻게 하면 되게 만들까'를 고민해서 결국 해낸다면 그보다 기쁜 일이 어디 있겠습니까. 그가 걷는 '프로의 길'을 나도 걷고 싶다고 생각한 밤이었습니다.

 **초일류를 향하여**

당신의 눈앞에 놓인 일, 혹은 앞으로 벌어질 일 중에 불가능해 보이는 일이 있습니까? 그 일을 가능하게 만들 방법을 생각해보세요.

## 31

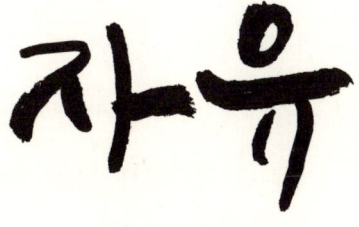

## FREEDOM

•

"연습하지
않는 사람은
우승할 자격이
없다"

**안드레 애거시**

---

**안드레 애거시(Andre Agassi)** 미국의 프로테니스 선수. 현재는 은퇴했다. 1986년 16세에 프로로 데뷔해 21년 동안 그랜드슬램 단식 타이틀을 여덟 번 차지했고, 올림픽 테니스 남자단식 금메달 한 개를 따냈다. ATP 월드 투어 마스터스 1000(전 ATP 마스터스 시리즈) 최다 우승(17회), 가장 오랜 기간 동안(33년 4개월간) 전 세계 랭킹 1위라는 기록도 세웠다. 2006년 9월 3일 US 오픈 남자 단식 3회전에서 당시 세계 랭킹 112위였던 독일의 베냐민 베커와의 경기를 마지막으로 21년 동안의 선수 생활을 끝냈다.

"가오루 씨는 어떤 단어를 좋아하세요?"

이런 질문을 가끔 받습니다. 내가 좋아하는 단어는 많지만, 그중에서 일생의 모토와 가까운 단어는 '감사', '진심', '자유'입니다.

감사나 진심에 비해 자유라는 단어는 사람마다 정의가 다르지 않을까 싶습니다. 내게 자유란 '모든 것을 자신이 결정할 수 있는 상태'입니다. 그렇게 봤을 때 나는 지금 진실로 자유로운 생활을 하고 있다고 말할 수 있습니다.

그런데 자유에는 항상 따라다니는 말이 있습니다. 바로 '책임'입니다. 자유를 허용받으려면 누구도 뭐라 트집 잡을 수 없을 정도로 자신의 몫을 책임감 있게 다할 필요가 있습니다. 아무것도 하지 않으면서 먼저 자유부터 달라고 해봤자 통하지 않습니다. 자유의 대가는 비싼 법입니다. 그래서 자신이 할 일을 깔끔하게 완수하는 사람, 그것도 독자적인 스타일로 해내는 자유로운 사람을 보면 "멋있다!"라는 감탄이 절로 나옵니다.

지금까지 나는 자유롭고 멋있는 사람들과 많이 만나왔습니다. 그중에서도 안드레 애거시는 잊혀지지 않습니다. 현역 시절 세계 1위에 오른 빛나는 전적과 함께 커리어 그랜드슬램(한 선수가 활동 기간 중 시즌에 상관없이 4대 메이저 타이틀을 모두 우승하는 것), 올림픽 싱글 금메달, ATP 투어 파이널챔피언십 우승이라는 3관왕을 달성한 유일한 선수입니다.

그는 기록 이상으로 나의 기억에 깊이 각인된 선수입니다. 지금보다 규제나 매너에 훨씬 엄격했던 과거의 테니스계에 엄청나게 자유로운 비주얼로 등장했으니까요. 진 반바지, 화려한 색의 셔츠, 사자 같은 장발에 반다나를 한 모습은 그 당시로서는 너무나도 충격적이라 '이단아'라 불리는데 큰 몫을 했습니다.

만약 그가 실력이 별반 뛰어난 선수가 아니었다면 별난 선수로 화제가 됐을지는 몰라도 "쟨 뭐 하는 놈이야?" 하고 비난하는 사람이 있었을 테고 대회 주최 측에서 주의를 줬을지도 모릅니다. 하지만 그러지 않았던 데에는 그가 선수로서 훌륭한 성적을 남겼고, 행동은 자유로울지언정 규칙을 무시하거나 스포츠 선수로서의 매너가 부족해서 남에게 폐를 끼치는 방종은 부리지 않았다는 점을 들 수 있습니다. 어느 기사에서 그가 "연습하지 않는 사람은 우승할 자격이 없다"라고 말했다는 내용을 본 적이 있는데, 그 말대로 그는 어떤 훈련이든 빼먹지 않았을 것입니다.

게다가 그는 인간성도 좋습니다. 뉴포트비치에서 그와 식사를 할 기회가 있었는데, 참으로 솔직하고 서비스 정신이 왕성해서 함께 있는 내내 즐거웠습니다. "현역 시절에 싫어하던 선수가 있었나요?"라는 내 질문에 "물론 있었습니다. 피트 샘프라스요"라고 천연덕스레 대답해서 어찌나 놀랐는지 모릅니다. 내가 당황해하자 "말은 그렇게 했지만, 정말 미워했다기보다는 피트 샘프라스에게 우승 타이틀을 빼앗긴 경우가 많아서 단순히 분하다는 의미"라면서 "만약 샘프라스가 없었더라면 제 그랜드슬램 기록은 좀 더 오래 걸렸겠지요" 하고 웃으면서 말했습니다.

그의 경기 중에서 내가 특히 좋아하는 시합이, 실제로도 관전하러 갔던 1999년도 프랑스 오픈의 결승전이었던 안드레이 메드베데프와의 대전입니다. 1997년에는 랭킹 100위권 밖으로 밀려났던 애거시가 이 대회에서 극적으로 부활해 우승했기 때문입니다. 게다가 그 경기는 비가 많이 와서 중단되었다가 재개되었는데 2세트 후반부터 대역전극이 펼쳐졌었습니다. 이 경기를 언급하자 그는 "그 시합을 보셨군요!"라며 무척 기뻐했고 "직접 봤죠. 그때까지 지고 있다가 비를 기회로 반격하는 모습이 대단했어요"라는 내 말에 "정말 그랬었죠!" 하며 크게 웃었습니다.

처음 만났는데도 마치 오래 전부터 알아온 사람처럼 허물없이 대하고, 묻는 말에 일말의 주저 없이 대답해준 안드레 애거시에게 내가 완전히 반해버렸음은 말할 필요도 없습니다.

헤어스타일은 평범하지만 복장은 상당히 자유롭고 타인의 시선에 개의치 않고 하고 싶은 대로 하고 사는 내 스타일의 뿌리는 어쩌면 안드레 애거시일지도 모릅니다. 겉모습의 자유로움은 그의 발끝에도 못 미치겠지만, 일에 대한 책임을 다해서 자유를 만끽한다는 측면은 앞으로도 본받고 싶습니다.

 **초일류를 향하여**

당신이 원하는 자유를 얻기 위해 꼭 다해야 할 책임은 무엇인가요? 그 책임을 완수하고 진정한 자유를 얻으려면 어떻게 해야 하는지 생각해보세요.

32

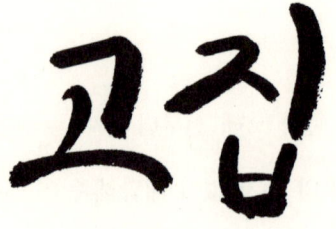

# 고집

COMMITMENT

•

'나만의 기준'을
굽히지 않는
용기

사쿠라이 히로시

**사쿠라이 히로시(桜井博志, Sakurai Hiroshi)** 1972년 마츠야마상과대학(현 마츠야마대학교) 졸업 후 니시노미야슈조(현 니혼사카리)에서 일하다가 1976년에 본가인 아사히슈조에 입사했다. 하지만 아버지와의 대립으로 퇴사하고 석재업을 시작해 사장에 취임했다. 1984년 부친이 급사하면서 3대째 당주로서 가업을 계승해 매출이 급감한 양조장을 재건하는 데 인생을 걸었다. 100% 쌀로 주조한 최고 등급(純米大吟醸) 일본청주 '닷사이'의 개발을 축으로 가업인 아사히슈조를 24개국에 수출하는 세계적 브랜드로 성장시켰다.

'닷사이(獺祭)'라는 일본청주가 있습니다. 야마구치현의 아사히슈조(旭酒造)라는 양조장에서 만드는 이 술은 일본청주를 좋아하는 사람이라면 다들 마셔보았을 것입니다. 하지만 최근에 인기가 치솟으며 품절이 속출해서 상품에 따라서는 프리미엄이 붙기도 하는 까닭에 마시고 싶어도 마실 수 없는 경우도 있습니다.

자세한 내용은 아사히슈조의 홈페이지를 참조하고, 어쨌거나 닷사이의 특징은 일본 제일이라고 할 만한 쌀의 정미율(쌀을 깎고 남은 비율)에 있습니다. TV나 잡지에서도 자주 다뤘듯이 23퍼센트까지 주조미를 깎는 정미 방식은 획기적일 뿐만 아니라 이 양조장의 지독한 고집을 보여줍니다. 이런 주조 방식은 기술적으로도 어렵지만 비용도 늘어납니다. 또 '아깝다'는 마음도 들지요. 하지만 이런 어려움들에 끈질기게 도전했기에 이처럼 훌륭한 술이 탄생할 수 있지 않았나 하는 생각이 듭니다.

'정미율 50퍼센트도 대단한데 23퍼센트라니, 그런 쌀로 만드는 술은 도대체 어떤 맛일까?'

그 맛이 궁금해 나도 구해서 마셔보았는데 말이 필요 없을 정도로 맛있었습니다. 너무 맛있어서 '이 술은 모두가 좋아할 테니 아는 사람이 많아질수록 구하기 힘들어질 거야'라고 예상했는데, 실제로 그렇게 되었습니다.

문득 정미 방식을 이렇게까지 고집하는 양조장의 사장이 궁금해졌습니다. 그의 이야기를 듣고 싶었습니다. 언젠가 만나면 좋겠다고 생각했는데 그 기회는 비교적 빨리 찾아왔습니다. 그와의 인연 역시 불가사의한 측면이 있는데, 내 친구인 사진작가 데라우치 마사토가 유네스코의 일로 프랑스에 가면서 시작되었습니다.

프랑스에 간 데라우치 마사토한테서 메일이 와서 읽어보니 '파티가 있어서 갔는데 옆 자리에 아사히슈조의 사쿠라이 히로시 사장이 앉아 있었다'는 내용이었습니다. 깜짝 놀란 나는 어떡해서든 데라우치 마사토에게 연락해서 사쿠라이 사장과 연결시켜달랠 수 없을까 여러 모로 시도해봤지만 결국 당시에는 잘 안 됐습니다. 그로부터 며칠 뒤, 성악가 친구의 콘서트에 갔다가 돌아오는 길에 엘리베이터를 타려는데 뒤에서 "나카지마 씨 아니십니까?" 하고 부르는 소리가 들렸습니다. 돌아보니 낯선 신사분이 서 있었습니다. '누구지? 아는 사람인가?' 하고 기억을 더듬는데 "처음 뵙겠습니다. '닷사이'를 만드는 아사히슈조의 사쿠라이입니다"라고 자기소개를 하는 것이 아닙니까!

깜짝 놀라서 주저앉을 뻔했습니다. "어떻게 절 알아보셨나요?" 하고 물으니 "전에 괴테라는 잡지에 나카지마 씨의 멋진 집이 실린 적이 있는데, 그때 잡지에 실린 사진을 본 기억이 났습니다"라는 대답이 돌아왔습니다. 나는 그에게 다음날 점심을 같이 하자며 집으로 초대했습니다. 사쿠라이 사장은 매우 기뻐했고, 다음날 내 집에서 '닷사이'와 관련된 이런저런 '고집'에 대한 이야기를 들으며 즐거운 시간을 보냈습니다. 아무리 그래도 잡지만 보고서 내 얼굴을 기억하다니, 사쿠라이 사장도 참 대단한 사람입니다.

이 일화에는 후일담이 있습니다. 사쿠라이 사장을 초대한 다음날에 나는 별장이 있는 즈시(도쿄 서남쪽, 가마쿠라 근처의 관광도시)에 머물고 있었습니다. 일이 끝나고 점심을 먹어야겠다는 생각에 당시 같이 있던 친구가 추천해준 식당으로 갔습니다. 식당 앞에 누가 있어서 보니 바로 사쿠라이 사장이었습니다! 전날 도쿄의 집에서 만난 사람을 다음날 즈시에서 다시 만나다니, 믿을 수 없는 일이었습니다. 서로 놀라면서 그 식당에서 또 함께 점심을 먹었습니다. 이런 만남을 두고 '인연이 있다'고 하지요. 이후로 고맙게도 매우 친하게 지내고 있습니다.

파란만장한 삶을 살아왔다고는 믿을 수 없을 정도로 사쿠라이 사장은 온화하고 차분한 사람입니다. 나는 사쿠라이 사장의 부드러운 인상을 좋아하는데 그 부드러움 속에 '이것만은 굽힐 수 없다'는 자신이 정한 기준에 대한 고집이 숨어 있다고 생각하면 참으로 흥미롭습니다.

언젠가 데라우치 마사토가 비행기에 타고 보니 옆자리에 또 사쿠라이 사장이 있었다고 합니다. 이런저런 대화 중에 당시 내 이야기가 나왔는데 사쿠라이 사장이 "저는 나카지마 씨의 분위기가 좋습니다"라고 말했답니다. 사쿠라이 사장의 눈에 나는 과연 어떤 모습으로 비쳤을까요?

 **초일류를 향하여**

누가 뭐라 해도 굽힐 수 없는 당신만의 기준이 있다면 무엇인가요? 그렇게 고집스럽게 그 기준을 지키는 이유는 무엇인가요?

# 33

## PURITY

•

헛된 것에
사로잡히지 않는
곧은 마음

**아테네올림픽 일본 남자 체조 대표팀**

---

**아테네올림픽 일본 남자 체조 대표팀** 모두 6종목을 겨루는 아테네올림픽 남자 체조 단체 결승전에서 첫 경기인 마루 종목에서 7위로 스타트를 끊었지만 침착하게 실력을 펼쳐 다섯 번째 종목을 마쳤을 때는 2위를 기록했다. 1위 루마니아와 3위 미국과의 점수 차는 0.125점. 마지막 경기인 철봉 종목에서 제일 먼저 연기한 루마니아 팀은 부담감 때문인지 실수를 연발해 금메달에서 멀어졌고, 미국은 지나친 안전 위주의 연기로 높은 점수를 받지 못했다. 마지막으로 나선 일본 대표팀의 도미타 히로유키 선수는 무사히 연기를 마친 두 선수의 뒤를 이어 다이내믹한 연기를 선보였고, 28년 만에 남자 체조 단체전 부문 금메달을 일본에 안겨줬다.

사업을 통해 많은 이들의 성공을 도우면서 알게 된 것들 중 하나는 '순수한 사람이 성공할 확률이 높다'는 사실입니다. 이것은 내 확고부동한 경험칙입니다.

누군가가 자신을 위해서 "이거 한번 해볼래요?", "이렇게 하면 잘 될 것 같은데요" 하고 조언을 해주었을 때 "고맙습니다"라고 감사히 받아들이고, 그 조언대로 하면 괜찮겠다는 생각이 들면 바로 행동으로 옮길 줄 아는 사람은 성공으로 가는 지름길을 쉽게 찾을 수 있습니다.

물론 자신의 생각은 전혀 없이 부화뇌동해서도 안 되고, 조언자가 어떤 사람인지 확실하게 따져볼 필요도 있습니다. 당신이 신뢰하는 사람이 해준 말이라면 진지하게 들어야겠지만, 아무 상관도 없는 제삼자가 이러쿵저러쿵 참견하는 말에 휘둘려서는 아무것도 이룰 수 없기 때문입니다.

순수한 사람이 조언을 순수하게 받아들여서 사심 없이 노력하면 성공을 거둘 수 있다는 사실을 설명할 때 내가 그 증거로 자주 내세우는 사례가 있습니다. 바로 아테네올림픽에서 단체전 금메달을 딴 일본 남자 체조 대표팀 선수들의 일화입니다.

대표팀 중 가시마 다케히로 선수와 나는 그 이전부터 교류가 있었는데, 그가 일본을 출발하기 전에 '5개의 메시지'란 글을 써주었습니다. "시합 전에 이 글을 꼭 읽어주기 바라네"란 당부의 말도 덧붙였습니다. 가시마 다케히로 선수는 순수한 사람이었기에 시합 전은 물론이고 아테네에 도착해서 연습하는 짬짬이 내가 써준 글을 몇 번이나 읽었다고 합니다. 게다가 팀의 다른 선수들에게도 내가 써준 글을 읽어보라고 권했습니다. 다른 선수들도 순수한 사람들이었는지 가시마 다케히로 선수의 말을 듣고는 그 글을 노트에도 베껴 쓰고 자신의 방 벽에도 붙여놓고서 매일 읽었다고 합니다. 그리고 시합 당일에는 각자 노트를 가방에 넣고 경기장으로 향했다는 사실을 나중에 들었습니다.

내가 써준 '5개의 메시지'라는 글은 선수들이 경기 전에 집중력이 좋아져서 평소 실력이 충분히 발휘되기를 바라는 마음을 담아 쓴 것입니다. 내용은 다음과 같습니다.

1. 금메달은 잊을 것
2. 전 세계에서 체조를 보러 와주신 관객들께 감사할 것

3. 아름답게 체조를 하는 이미지를 떠올릴 것

4. 기구에 '고맙다'고 말할 것(익숙하지 않은 기구를 내 편으로 만드는 방법)

5. 자신을 길러준 부모님과 코치께 감사할 것

팀은 고맙게도 단체전에서 금메달을 땄습니다.

내가 여기서 하고 싶은 말은, 내 글의 영향력이 대단하다는 것이 아닙니다. 애초에 이 글의 효과라고 해봐야 사실 미미합니다. 금메달을 따게 한 진짜 원동력은 선수들이 지닌 재능과 노력, 코치를 비롯한 관계자 여러분의 지원, 경기장의 관객과 멀리 일본에서 열심히 응원한 국민들의 격려 등입니다. 다만 금메달을 딸 만한 실력이 있어도 메달에만 신경을 쓰면 오히려 역효과가 생길 것이라고 생각한 나는 평소대로 연기하는 것이 중요하다는 생각에 위와 같은 메시지를 쓰게 된 것입니다. 순수한 그들은 "이 메시지의 의미가 뭐죠?", "나카지마 씨가 왜 이런 참견을?", "근거가 뭐죠?"와 같은 불만 없이 글을 읽고 받아들이고 실행했습니다.

'화장실을 청소하면 재운이 상승한다'고 합니다. 진위는 알 수 없지만 이 역시 '증거가 있는가', '어떤 원리로 그런 말을 하느냐'며 시시콜콜 따지다가 결국 아무것도 안 하는 사람보다는 '그런가? 화장실을 청소하면 좋다 이거지?'라고 받아들이고 바로 실행에 옮기는 사람의 운이 상승할 확률이 더 높습니다.

해도 손해 보는 일 없이 좋은 일이 생긴다면 '그 일을 한번 해볼까' 하고 바로 행동하는 순수함을 지닌다면 당신에게 틀림없이 득이 될 것입니다.

 **초일류를 향하여**

당신은 누군가의 조언을 들으면 의심부터 하나요? 혹 최근에 들은 조언 중에 의심만 하다가 실행하지 못한 것이 있다면 오늘 한번 실행해보세요.

## 34

# 품격

## SOPHISTICATION

•

궁지와 책임에서
풍겨나오는
대가의 아름다움

**합스부르크가의 사람들**

---

**합스부르크가의 사람들(Habsburg Haus)** 유럽 최대의 왕실 가문. 오스트리아의 왕실을 거의 600년 동안 지배한 것으로 유명하다. 합스부르크 왕가는 프랑스 왕을 제외한 거의 모든 유럽의 왕실과 연결되어 있었다.

'사람은 기본적으로 모두 평등하다. 태어난 집안이나 교육 수준이 다르다고 해도 그것은 그저 우연의 결과일 뿐 나와 그 사람 사이에 인간적인 차이는 없다.'

평소에 이런 생각을 하고 있었는데 '아니, 잠깐만! 뭔가 다른 것 같은데'라고 생각하게 된 계기가 있습니다. 오스트리아 빈에서의 만남이었는데, 그 자체로 참으로 신비한 경험이었습니다. 귀족 집안이라더니 역시 훌륭하더라, 부자라서 대단하더라 하는 소리가 아닙니다. 굳이 설명하자면, '풍기는 분위기가 달랐다'는 뜻입니다.

빈 시내 중심부에서 약간 서쪽으로 치우친 곳에 쉰브룬 궁전이 있습니다. 광대한 정원을 갖춘 궁전으로, 세계유산에도 등재된 건물입니다. 여기서 합스부르크 일가와 만날 기회가 있었습니다.

합스부르크가라고 하면 세계사에 박식하지 않은 나도 '마리 앙투아네트를 프랑스 왕가에 시집보낸 유럽 제일의 명문 왕가'라는 사실 정도는 알고 있습니다. 이 역사적 사실에서도 알 수 있듯이, 옛날부터 혼인을 통해 지배 지역을 늘려온 일족입니다.

전 대통령이나 유명 아티스트, 할리우드 배우 등은 많이 만나봤지만 귀족, 그것도 대귀족의 일가와 궁전에서 식사를 한다는 것은 내게도 처음 있는 일이었습니다. 하지만 막상 만나보니 일가는 긴장할 필요가 전혀 없을 정도로 매우 우아하고 차분했으며 편안한 분위기가 몸에서 배어나왔습니다. 나는 '역시 다르다'고 생각했습니다. 수백 년이나 이어져 내려온 역사와 전통이 있는 일가이지만 그 긍지와 책임감은 느껴질지언정 오만방자한 분위기는 티끌만큼도 없었습니다. 굳이 내세울 필요가 없는 진정한 기품과 품격이 느껴졌습니다. 뭐라 표현할 길 없는 그 분위기는 내가 태어나서 처음 느껴보는 종류의 것이었습니다.

궁전에서 식사를 하는 내내 옆에서는 실내악이 연주되었습니다. 내 기억에 분명 현악 4중주였습니다. 콘서트홀에서만 들을 수 있었던 클래식 콘서트를 집에서 듣는다는 사실에 깊이 감명받았습니다. 이 일을 계기로 나는 귀국한 이후부터 매달 내 집에서 클래식 홈 콘서트를 열고 있습니다. 손님이 방문했을 때 집에서 실내악이 흐르면 기뻐하지 않을까 생각했기 때문입니다. 실제로 집을 찾은 모든 분들이 실내악이 듣기 좋다며 호평을 해주셨습니다.

내 신조 중 하나가 '내게는 없지만 좋다고 생각되는 것이 있다면 배운다'입니다. 이번에 합스부르크 일가와 만나면서 나는 품격 있는 사람에게서 느껴지는 근사한 분위기, 가문에 대한 긍지와 책임을 가지고 살아가는 사람들의 고유한 아름다움, 진정 '클래스'가 있는 사람의 행동거지에서 느껴지는 우아함, 타인을 대하는 부드러운 태도, 고상한 취미 같은 것들을 잔뜩 배웠습니다. 매우 귀중한 기회였습니다.

그들은 식사 중간에 창을 통해 보이는 정원을 가리키며 "저기 보이는 정원에서 마리 앙투아네트와 모차르트가 뛰어 놀았죠"라고 설명해줬습니다. 이 굉장한 이야기를 지나가는 말처럼 담백한 어조로 말해서 순간적으로 흘려들을 뻔했습니다. 세상에는 이런 사람들도 있구나 생각하다가 문득 '매일 다양한 사람들을 만날 수 있어서 그만큼 나의 세계가 확장되고 있다'는 사실에 새삼 감사했습니다.

식사를 마칠 즈음에는 내게 "다음에 제 별장에 오시겠습니까? 세계 3대 테너 중 한 명인 파바로티를 초대해서 노래를 듣기로 했습니다"라며 초대도 했습니다. 지금은 파바로티가 세상을 떠난 뒤라 파바로티를 볼 수는 없지만, TV에서 테너 가수의 노래를 들으면 합스부르크가의 사람들이 떠오릅니다.

과연 그런 품격을 내가 어느 정도까지 몸에 익힐 수 있을지는 모르겠지만 아주 조금이라도 그런 분위기를 낼 수 있도록, 분위기만으로는 의미가 없으니 나의 수준을 더더욱 높일 수 있도록 노력하고 싶습니다.

 **초일류를 향하여**

대가의 품격을 배우고 갖추려면 어떤 노력을 해야 할까요? 당신이 할 수 있는 것부터 리스트를 만들어 실천해보세요.

## 35

# 교육
## EDUCATION

•

부모가
자식에게 남기는
평생의 재산

**나카지마 마츠요**

---

**나카지마 마츠요(中島松代)** 1922년 일본 시마네현 출생. 결혼 후 슬하에 1남 2녀를 두었다. 남편이 세상을 떠난 뒤에 홀몸으로 키워낸 아이들은 모두 암웨이에서 대성공을 거두었다. 특히 장남인 나카지마 가오루는 암웨이 세계 1위이자 유일한 더블 크라운 앰버서더 DD이다. 나카지마 마츠요 자신도 고향인 시마네에서 암웨이 사업자로 활동하면서 인생을 마음껏 즐기며 살고 있다.

돈이나 집 혹은 토지, 귀금속, 유가증권 같은 물질적인 것 말고 부모가 자식에게 남겨줄 수 있는 평생의 재산이 무엇이냐고 묻는다면 나는 '교육'이라고 답하겠습니다. 교육의 측면에서 내게 강한 영향을 끼친 사람은 어머니인 나카지마 마츠요입니다.

어머니는 교육열이 높은 편은 아니었습니다. 오히려 그 반대였습니다. 말하자면 나는 방목에 가까운 상태로 자랐다고 하는 편이 맞을지도 모르겠습니다. 오해가 없도록 덧붙이는데, 방임이나 무관심은 아니었습니다. 장사를 하느라 바쁜 와중에도 누나 둘과 나까지 삼남매를 차별 없이 넘치는 애정으로 기르면서도 공부에 관해서는 전혀 잔소리가 없었다는 뜻입니다.

누나 둘은 성적이 보통 수준이었지만, 나는 공부가 너무너무 싫어서 성적도 뒤에서 세는 쪽이 빠를 정도였습니다. 지능지수는 교내에서 가장 높게 나왔지만 학교의 수업과 시험은 그 반대로, 나와 상극이라고 해야 하나 아무튼 공부는 내게 고통이었습니다.

그래도 지능지수가 높게 나왔다는 이유로 선생님은 어떡해서든 공부를 시키려고 하셨습니다. 집에도 찾아오셔서 어머니께 "가오루는 하면 될 아이니까 어머님께서도 꼭 좀 도와주세요"라고 부탁하셨습니다. 그래도 어머니는 전혀 신경을 안 쓰시고 "가오루가 공부를 싫어하니 억지로 시킬 생각은 없습니다"라고 대답하시곤 했습니다. 당연히 집에서도 "공부하거라", "숙제는 했니?", "시험 점수가 몇 점이니?"와 같은 말은 일절 들어본 적이 없습니다. 하지만 포기나 방치와는 달랐습니다. 오히려 나는 어쩐지 어머니가 내게 기대하는 바가 있다는 느낌을 받았습니다. 실제로도 그랬습니다.

어느 날 학교에서 삼자 면담이 있었습니다. 어머니와 나와 담임선생님이 상담을 진행하는 와중에 내 지능지수와 성적 이야기가 또 나왔습니다. "무슨 수가 없을까요?"라고 말씀하시는 선생님께 어머니는 생글생글 웃으시면서 "죄송합니다, 선생님. 이대로도 괜찮습니다. 우리 애는 사회에 나가서야 진가를 발휘할 테니까요"라고 단호히 대답하셨습니다.

사회에 나가서야 진가를 발휘한다는 말의 뜻을 그때는 알 수 없었지만 '역시 어머니는 내게 기대하고 계시는구나. 학교 성적이 아니라 커서 일할 나이가 되면 분명 훌륭한 사람이 될 거라고 믿어주시는구나'라는 사실만은 이해할 수 있었습니다. 어머니가 나를 있는 그대로 받아들이고 인정해주신다는 생각에 속으로 '기뻐요! 고맙습니다, 어머니!'라고 외쳤던 기억이 지금도 생생합니다.

　자유로운 분위기에서 어머니의 믿음을 받고 자란 덕분에 나는 항상 나 자신을 믿을 수 있었고, 그 덕분에 주눅이 든 적이 없습니다. 어떤 때라도 어머니를 비롯한 가족은 나를 받아들이고 인정해주었기 때문에 '이런 소리를 하면 이상하게 보지 않을까' 걱정한 적도 없습니다. 또 '어리니까 모른다'는 식으로 불합리하게 아이 취급을 하지도 않고 한 사람의 인간으로서 대등하게 대해주셨고 누나 둘한테도 '누나니까', '동생이니까', '여자니까', '남자니까'라는 구별도 하지 않으셨습니다. 그렇기에 나는 사람을 대할 때 선입견을 가지지 않습니다. 이 모든 것들이 서로 영향을 끼쳐 지금의 내가 있고, 사업에서도 성공해 행복하게 살 수 있는 것 같습니다. "교육에 있어서는 어머니께 큰 영향을 받았습니다"라고 말할 수 있다는 것 또한 내게는 기쁨입니다. 여러 모로 어머니께 정말 감사드립니다.

　얼마 전에 뉴스 기사에서 봤는데, 앵커인 안도 유코의 어머니가 생전에 말버릇처럼 하던 말이 "교육만은 도둑맞지 않는다"였다고 합니다. 참으로 옳은 소리입니다. 돈이나 물건이 아니라 평생 쓸 수 있는 교육, 그것도 단순히 학교 성적의 좋고 나쁨만 따지는 교육이 아니라 아이가 세상과 부딪히면서 혼자 무슨 일을 하든 제 몫을 하며 살아갈 수 있는 지식과 경험과 사고방식을 익히도록 이끄는 교육이 진정한 교육이 아닐까 합니다.

 **초일류를 향하여**

결혼했다면, 당신은 어떤 부모인가요? 아직 미혼이라면, 당신은 어떤 부모가 되어 어떤 교육을 시키고 싶은가요?

# 36

## LUCK

•

"남들이 걸을 때
전력으로
달리게나"

**제이 밴 앤델**

---

**제이 밴 앤델(Jay Van Andel)** 1959년 리치 디보스와 함께 직접판매 방식의 새로운 사업을 도입해 암웨이(Amway corporation)를 공동창업했다. '퍼슨 투 퍼슨' 마케팅이라는 독창적인 비즈니스 아이디어로 다목적 세제 판매를 시작으로 전 세계 58개국 80여 개 이상의 지역에서 광범위한 제품과 비즈니스 기회, 물류 서비스 등을 제공하며 암웨이를 수십억 달러의 매출을 창출하는 세계 최대 네트워크마케팅 기업으로 성장시켰다. 1979년 팬 틸드호텔을 인수해 암웨이그랜드플라자호텔을 설립했다. 수백만 달러를 기부해 생의학을 연구하는 밴앤델연구소를 세우는 등 자선가로서도 활동했다. 2004년에 파킨슨병으로 사망했으며, 암웨이는 그의 아들 스티브 밴 앤델과 리처드 디보스의 아들 더그 디보스가 함께 이끌고 있다.

당신은 '운'을 믿습니까? 나는 믿습니다. 그렇다고 해서 점이나 운세를 믿는다는 소리는 아닙니다. 인생을 걸어가는 파트너로서 나는 운이 매우 중요하다고 생각합니다.

지금까지의 경험으로 하는 말인데, 운에는 '좋은 운도 없고 '나쁜 운'도 없습니다. 그저 운이 있을 뿐입니다. 운은 항상 당신과 함께 있으면서 당신을 지켜보고 있습니다. 그래서 당신이 진심으로 노력하거나 초심으로 돌아가거나 혹은 마음속 깊이 감사할 때 몰래 힘을 빌려 줍니다.

운이란 '앞을 보며 나아가는 사람을 지켜주는 그 무엇'입니다. 나는 지금의 사업을 시작한 이후로 특히나 이런 생각이 강해졌습니다. 왜냐하면 이 사업에 뛰어든 이래로 줄곧 앞만 보며 열심히 걸어왔기 때문입니다. 내 앞에는 길이 놓여 있었고, 그 길을 안내하는 수많은 동료가 있었고, 어떠한 때라도 그 등을 바라보며 똑바로 나아가기만 하면 되었던 커다란 존재가 있었습니다. 그런 존재 중 한 명이 암웨이 코퍼레이션의 공동창립자인 제이 밴 앤델입니다. 유감스럽게도 제이 밴 앤델은 얼마 전에 세상을 떠났지만, 지금도 분명 하늘에서 우리를 지켜보고 있을 것입니다.

또 한 명의 공동창립자인 리치 디보스가 '동(動)'이라면 제이 밴 앤델은 '정(靜)'이었습니다. 리치 디보스가 언제나 속이 뻥 뚫리는 시원시원한 연설을 열정적으로 몰아쳐서 사람들의 마음에 불을 붙인다면, 제이 밴 앤델은 항상 온화하고 담담한 화법으로 조용히 깊게 스며드는 연설을 했습니다.

나는 제이 밴 앤델한테서 많은 것을 배웠고 훌륭한 조언을 많이 들었습니다. 그 가운데 내가 자주 떠올리는 말이 있습니다.

"별에 손이 닿지 않는다고 부끄러워하지 말고 별을 찾지 못했다는 사실에 부끄러워해야 한다."

'꿈꾸는 일의 중요성'에 대한 조언입니다. 이 말을 들었을 당시에는 '맞아, 별을 찾아보자. 그리고 손을 뻗어보자'라고 다짐했고, 사람의 마음에 와 닿는 연설을 할 수 있는 사람이 되고 싶다는 생각도 했습니다.

훨씬 전의 일인데, 내가 사업에서 커다란 목표를 세우고 그것을 향해 가고 있을 때 "어떻게 하면 목표를 달성할 수 있을까요?" 하고 제이 밴 앤델에게 물었던 적이 있습니다. 그는 이렇게 대답했습니다.

"남들이 걸을 때 전력으로 달리게나."

이 말을 듣고서 나는 전력으로 달려 지금의 내가 될 수 있었습니다.

제이 밴 앤델이 생전에 리치 디보스에게 보낸 편지가 있습니다. 둘이 암웨이를 창립해서 사업이 세계적으로 대성공한 이후가 아니라 암웨이를 시작하기 전에 제이 밴 앤델이 리치 디보스에 대한 마음을 담아 쓴 편지입니다.

사람이 위대한 이유는 직업이나 재산, 기술 때문이 아니라네. 그런 것들은 겉보기에 불과해서 끝까지 추구해봤자 결국 아무것도 남지 않지. 진정으로 위대한 사람은 그 위대함을 내면에 감추고 있다네. 눈에 보이지 않는 것들…… 예를 들면 인격이나 개성, 고결함, 성실함, 무욕 같은 것들 말일세. 이런 것들을 추구하다 보면 그 이외의 것들은 모두 바람에 흩날리는 지푸라기처럼 손가락 사이로 빠져나가고 말지. 리치, 자네에게는 바로 그런 것들이 넘쳐난다네. 그것이 자네의 탁월한 부분이지. 그렇기에 나는 앞으로도 계속 말하려 하네. 자네는 지금도 뛰어난 사람이지만 앞으로도 쭉 그러할 것이라고.

제이 밴 앤델은 운에게 큰 사랑을 받았던 사람인 것 같습니다. 그가 주변 사람들을 소중히 여기며, 자신보다 타인의 행복을 위해 살았기 때문입니다. 운은 그런 사람들의 편에 섭니다.

나는 현재 많은 동료들과 사업을 하고, 되도록 많은 이들에게 도움을 줘서 그들의 성공을 돕고 싶어하지만 제이 밴 앤델의 말이 그랬듯이 나 또한 그만한 힘을 모두에게 줄 수 있을지는 잘 모르겠습니다. 하지만 그것을 목표로 앞으로도 계속 별을 향해 손을 뻗어볼 생각입니다. 그렇게 하면 운은 분명 미래에도 나를 도와줄 테니까요.

 **초일류를 향하여**

운을 당신 편에 서게 하려면 어떻게 해야 할까요? 당신은 목표가 있나요? 어떻게 하면 목표를 달성할 수 있을까요?

## 37

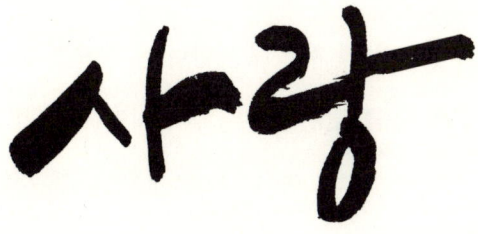

LOVE

●

무언가를
혹은 누군가를
소중히
여기는 마음

**리치 디보스**

---

**리치 디보스(Rich DeVos)** 1959년 제이 밴 앤델과 함께 직접판매 방식의 사업을 도입해 암웨이(Amway corporation)를 공동창업했다. '퍼슨 투 퍼슨' 마케팅이라는 독창적인 비즈니스 아이디어로 다목적 세제 판매를 시작으로 전 세계 58개국 80여 개 이상의 지역에서 광범위한 제품과 비즈니스 기회, 물류 서비스 등을 제공하며 암웨이를 수십억 달러의 매출을 창출하는 세계 최대 네트워크마케팅 기업으로 성장시켰다. NBA 올랜도 매직의 구단주로도 알려져 있다.

'사랑한다'는 말은 둘째 치고 '좋아한다'는 말도 자주 하지 않는 일본인에게 '사랑'은 조금 낯간지러운 말인지도 모르겠습니다. 어느 글이었는지는 잊어버렸는데, 영어가 일본에 막 들어왔을 무렵 'I love you'를 '당신을 사랑합니다'가 아니라 '당신이 소중합니다'로 번역했었다는 에피소드를 본 적이 있습니다. 나름 그럴 듯합니다. 그렇게 본다면 사랑이란 무언가를, 혹은 누군가를 소중히 여기는 마음입니다. 소중한 무언가나 누군가에 대해 내가 할 수 있는 일을 아낌없이 해주고 싶다고 생각하는 마음이 사랑이라고 하면 맞지 않을까 합니다. 아니면 대가를 바라지 않고 그저 돕고 싶은 마음이 사랑이라고도 할 수 있겠군요.

돌아보면, 나는 부모님과 누나들한테서 사랑을 듬뿍 받으며 자랐습니다. 어른이 돼서 그리고 지금의 사업을 시작하면서는 가족이 아닌 사람들, 즉 함께 이 일을 하는 수많은 동료들한테서도 가족과 같은 사랑을 받았습니다. 그중에서도 암웨이의 공동창립자인 제이 밴 앤델과 리치 디보스의 사랑은 각별했습니다. 특히 리치 디보스한테서는 시작할 때부터 지금까지 양으로 환산할 수 없을 정도로 많은 사랑을 받았습니다. 그는 때론 따뜻한 격려로, 때론 신뢰로, 때론 후원으로 그때그때 상황에 맞춰서 내게 가장 필요한 형태로 필요 이상의 사랑을 선물해주었습니다.

리치 디보스는 자기 주변의 모든 이들에게 '당신은 할 수 있다'라는 말을 머리가 아닌 가슴으로 이해시키는 사람입니다. 누구든 '하면 된다'는 사실을 믿고 있기 때문입니다. 그래서 격려를 받은 사람도 스스로를 믿게 되고, 그 결과 노력한 성과가 나와서 성공하게 됩니다.

리치 디보스의 사랑에 대해 말할 때마다 빠뜨릴 수 없는 에피소드가 하나 있습니다. 내가 '크라운 앰버서더 DD'라는 업적을 달성하면서 받은 핀을 잃어버렸던 때의 이야기입니다. 핀을 옷에 달고 파티에 가야 하는데, 짐을 넣은 슈트케이스가 공항에서 분실돼버렸습니다. 찾았다는 소식이 없어서 어떡하나 걱정하고 있었습니다. 그 뒤 얼마 있다가 슈트케이스는 돌아왔고 핀도 다시 손에 들어왔습니다. 그래서 새로 받은 핀을 리치 디보스에게 돌려주려 했더니 "됐네, 그냥 가지게"라며 거절했습니다. "그래도 어떻게……"라며 망설이는 내게 "그럼 크라운 앰버서더를 한 번 더 하면 되겠군!(One more Crown Ambassador!)"이라고 말했습니다.

그래서 나는 다시 한 번 그 업적을 달성해 전 세계에서 유일한 '더

블 크라운 앰배서더 DD'가 되었습니다. 나중에 듣기로, '이렇게 말하면 나카지마 가오루는 분명 해낼 거야. 능력이 있으니까'라고 생각했다고 합니다. 믿어주어 감사했습니다. 그래서 내 입장에서는 평소 리치 디보스한테서 받은 사랑을 돌려줄 기회라고 생각해 정말 열심히 했습니다.

'이 사람을 위해서'라며 노력할 수 있는 누군가가 있는 사람은 참으로 행복합니다. 나는 리치 디보스 말고도 그런 동료가 많이 있는데, 그들도 내게 같은 마음을 가질 수 있도록 나도 더 많은 사랑을 선물하고 싶습니다.

아버지가 돌아가셨을 때 미국에서 속달로 편지가 도착했습니다. 리치 디보스가 보낸 편지였습니다. 열어보니 이런 글이 쓰여 있었습니다.

'자네 아버지는 예전에 카리브해의 피터아일랜드에서 가족과 함께 식사할 때 뵌 적이 있다네. 멋진 분이셨지. 유감스럽게도 자네 아버지는 돌아가셨지만, 오늘부터 내가 자네의 양부가 돼주겠네.'

이 말을 나는 평생 잊지 못합니다.

'소중한 존재가 많으면 나 또한 그들에게 소중한 존재가 된다'처럼 사랑이 넘치는 인생에 관해서 내게 많은 것을 가르쳐준 리치 디보스에게, 그리고 소중한 가족과 동료들에게 나는 그만큼의 사랑을 되돌려주고 있을까요? 부디 그렇길 바랍니다. 지금 이 책을 읽고 있는 당신께도 사랑을 보냅니다.

 **초일류를 향하여**

당신은 '이 사람을 위해서'라며 노력할 수 있는 누군가가 있습니까? 그에게서 받은 사랑을 되돌려주고 있나요? 소중한 존재가 많으면 나 또한 그들에게 소중한 존재가 된다는 사실을 잊지 마세요.

맺음말

# This is it

내 인생에 화려한 색을 입혀주었을 뿐만 아니라 삶의 소중한 것들을 가르쳐준 37가지 에피소드를 소개했습니다. 어떠셨는지요?

사실 이 37가지 만남 안에 꼭 넣고 싶었던 사람이 한 명 있었습니다. 인생의 길목에서 몇 번인가 스쳐 지나갔을 뿐 '정식으로 만나서 무언가를 배울' 정도의 인연은 없었던 사람입니다. '없었던'이라고 한 이유는, 유감스럽게도 그 사람은 이미 세상을 떠났기 때문입니다. 하지만 만약 아직 살아 있다면 분명 어딘가에서 만나서 많은 것들을 배울 수 있었으리라 확신합니다. 그 사람은 바로 마이클 잭슨입니다.

최초로 스쳐 지나간 만남은 20여 년 전에 일 때문에 아프리카에 갔을 때였습니다. 머물고 있던 호텔 방에 지배인이 찾아와서 "나카지마 씨는 내일 오후 1시에 체크아웃할 예정이시죠?" 하고 묻기에 "예, 그럴 생각입니다"라고 대답했습니다. 그러자 조금 조심스러운 태도로 "부탁이 있습니다만, 지금 방을 옮겨주실 수 있을까요?"라고 말하는 것 아닙니까. "이유가 뭐죠?" 하고 물으니 "사실은…… 마이클 잭슨이 내일 나카지마 씨가 나가신 후 이 방에 묵을 예정이었습니다만, 하루 일찍 오신답니다"라고 하더군요. 그래서 내가 "그런가요?" 하고 되묻자 "그래서…… 나카지마 씨께는 정말 죄송합니다만, 저쪽에 같은 방을 준비해놓았으니 혹시 옮겨주실 수 없을까 해서요. 오늘 하루 분의 숙박비는 저희가 서비스해 드릴 테니 부탁드립니다"라고 정말 죄송스럽다는 얼굴로 설명했습니다. 내가 대답을 하지 않자 "그렇게만 해주신다면 마이클 잭슨 쪽에서도 답례로 콘서트에 초대하고, 백스테이지에도 안내해서 함께 사진도 찍고, 사인이 들어간 CD를 선물하겠다고 하십니다"라고 설명했다.

지금이라면 "그렇게 하죠" 하며 흔쾌히 승낙하고 방을 옮긴 뒤 마이클 잭슨의 콘서트에 초대돼 즐거운 시간을 보냈겠죠. 하지만 당시의 나는 그렇게 하지 않았습니다. 그날 밤 내 방에서 친구들이 모이기로 돼 있었고, 내가 제대로 예약해서 묵고 있는 마당에 멋대로 자기가 하루 일찍 온다고 해서 내가 왜 옮겨줘야 하냐는 생각이 앞섰습니다. 마이클 잭슨은 정말 자기중심적이고 오만불손하다는 생각까지 했습니다. 지금 생각하면 그때의 좁은 내 생각이 부끄러워서 고개를 들 수 없을 지경입니다.

결국 나는 그대로 그 방에 묵었고, 그 때문에 마이클 잭슨은 타고 온 배에서 하루 더 묵었다는 소리를 나중에 들었습니다. 물론 호텔 측에서도 다른 방을 준비해주었겠지만, 그는 아마 그 방이 아니면 싫었

었나 봅니다. 애초에 그 호텔은 마이클 잭슨이 아프리카에 올 때마다 묵는 곳이었다고 하니, 내가 묵은 방 역시 평소 사용하던 방이었겠지요. 거기까지 생각이 미치니 정말 미안하더군요. 이 일은 내게 있어 몇 안 되는 '평생 후회하는 일' 중 하나입니다.

그다음 만남은 몇 년 전의 일인데, 라스베이거스의 미라지호텔로 기억합니다. 전날 늦게 자서 느지막이 일어난 아침이었습니다. 외출 나가기 전에 하우스키핑 직원에게 방 청소를 부탁해두려고 복도로 나갔더니 대각선으로 앞쪽에 있는 방의 문이 활짝 열려 있었습니다. '아, 저 방을 지금 청소하나 보구나. 마침 잘됐네. 내 방도 부탁하자.' 그렇게 생각하며 문이 열린 방 쪽으로 다가갔는데, 안에서 사람의 기척이 나면서 아름다운 허밍 소리가 들렸습니다.

내 방이 있는 층은 조금 특별해서 일반 투숙객의 예약은 받지 않는지라 마치 별채 같은 느낌이 드는 곳이었습니다. 다른 방과는 입구도 다르고, 한 층에 방도 몇 개 없는 데다 보안도 철저한 독립된 구역이었으니까요. 그래서 하우스키핑 직원도 잠재 고객에게 방해가 되지 않도록 별도의 요청 없이는 청소하러 들어오지도 않습니다.

"안녕하세요. 나중에 제 방도 청소해주셨으면 하는데요"라고 말하며 들어간 내 눈앞에는 하우스키핑 직원이 아니라 놀랍게도 마이클 잭슨이 있었습니다. 그가 콧노래를 부르며 옷장 앞에서 옷을 정리하고 있었던 것입니다.

아마 내 평생 다시 없을 정도로 정말 깜짝 놀랐습니다. 마이클 잭슨도 물론 놀랐겠지만, 어째서인지 소리를 지르거나 화를 내지 않고 그저 멍하니 서서 '왜 남의 방에?' 하는 얼굴로 절 보았습니다. 그 모습에 정신이 확 들어 나는 실례를 사과하고 그 자리를 떠났습니다. 사과라고 해봤자 "Sorry. My name is ×××." 정도가 고작이었지만 말입니다. 마이클 잭슨도 그 층이 특별층이라 일반 고객은 들어오지 못한다는 사실을 알고 있었을 테고, 내가 방 번호도 알려줬기에 경계하지 않고 왜 남의 방에 들어왔는지도 캐묻지 않고 'Oh, hi' 하고 넘어가는 분위기였습니다.

이제 와 생각하면 왜 문이 활짝 열려 있었는지, 왜 보디가드는 물론이고 매니저도 없이 마이클 잭슨 혼자 있었는지 정말 수수께끼입니다. 그리고 만약 내가 조금만 더 영어를 잘했더라면, 하다못해 평소 통역해주던 직원이라도 함께 있었더라면 제대로 인사를 나누고 대화를 나눌 수 있었을지도 모릅니다. 어쩌면 훨씬 전에 아프리카의 호텔에서 저질렀던 내 비례(非禮)를 사과할 수 있었을지도 모릅니다.

그날 하루 종일 이 불가사의한 만남에 관해 생각하면서 나는 '두 번 일어난 일은 세 번도 일어날 수 있으니 마이클 잭슨과는 분명 또 만날 수 있을 거야. 그때는 여러 가지 이야기를 더 많이 하자'라고 마음을 정했습니다. 귀에 맴도는 마이클 잭슨의 아름다운 허밍을 떠올리면서요.

다시 몇 년이 지난 2009년 6월 25일, 나는 엘튼 존의 자택에서 매년 개최되는 자선 파티에 참가하고 있었습니다. 식사를 하고 있는데 옆 좌석에 앉은 남성에게 누군가가 다가와 귓속말로 뭔가를 속삭였습니다. 그러자 그 사람이 크게 비명을 질러 "무슨 일인가요?" 하고 물었더니 "마이클 잭슨이 죽었답니다!"라고 말하는 것 아닙니까. 그 남성의 한마디에 파티장은 소란스러워졌습니다. 전 세계에서 유명인사들이 모인 파티였던지라 마이클 잭슨과 친분이 두터운 사람도 많았었나 봅니다. 탄식과 비명, 오열하는 소리마저 들렸습니다. 나 역시 도무지 믿을 수가 없어서 한동안 멍하니 있었습니다.

이것이 마이클 잭슨에 얽힌 내 추억의 전부입니다. 그의 앨범을 대부분 소장하고 있고, 정말 좋아하는 곡도 많습니다. 그 곡들을 들을 때마다 '언젠가 마주쳐서 가까워질 날이 있으리라 믿었는데, 이제 그럴 일은 없겠구나'란 생각이 들어 마음이 먹먹해지곤 합니다.

그런데 상황은 다시 한 번 생각지도 못한 방향으로 전개됩니다. 2012년 국립 요요기경기장에서 '마이클 잭슨 추모 라이브'가 개최되었는데, 나는 이 행사에 사업적으로 관여했습니다. 마이클 잭슨의 영화 〈디스 이즈 잇(This is it)〉에 영감을 받아서 기획된 이벤트였는데, '음악에는 다양한 벽을 뛰어넘어 사람들을 하나로 묶는 힘이 있다'는 마이클 잭슨의 유지에 감명을 받아 이벤트 수익의 일부를 동일본대지진의 피해자 구제에 사용했습니다. 이때 출연한 아티스트 중에 트래비스 베인이라는 남자가 있었습니다. 그는 마이클 잭슨의 절대적인 신뢰를 받던 안무가로, '디스 이즈 잇 투어'에서는 마이클 잭슨의 오른팔이 돼서 쇼를 만든 인물입니다. 그런 그와는 묘한 인연으로 알게 되었습니다.

이 이벤트 바로 전에 내 비서가 "제 친구가 가오루 씨께 소개하고 싶은 사람이 있다는군요"라는 말을 전했습니다. 그 친구는 무용수인데, 무용수 동료 중에 나와 꼭 만나게 해주고 싶은 사람이 있다고 했습니다. 그 사람이 트래비스 베인이었습니다. 당시 트래비스 베인은 쟈니스사무소(일본의 유명 연예기획사) 사장의 부탁으로 쟈니스사무소 소속 탤런트들에게 댄스 지도를 하기 위해 일본에 자주 들락거렸습니다.

처음 만난 것은 아오야마극장 옆의 찻집에서였습니다. 둘 다 스케줄이 꽉 차서 딱 차 한 잔 할 정도의 시간밖에 내지 못했습니다. 하지만 처음 보는데도 아주 오래 전부터 사귄 친구처럼 마음을 터놓게 되었고, 이후 그가 일본에 올 때마다 다양한 곳에 함께 다녔습니다. 어떤 때는 복싱 시합에 응원을 가기도 했고, 또 어떤 때는 가수의 디너쇼를 구경 갔다가 무대에 불쑥 끼어들어 춤을 추는 등 즐거운 시간을 보냈습니다. 그는 내 자택이나 사업장에도 들른 적이 있어서 직원들과도 사이가 좋습니다.

그한테서 마이클 잭슨에 관한 여러 에피소드들을 들었습니다. 마이클 잭슨이 얼마나 대단한 아티스트였으며 얼마나 음악을 사랑했는지, 자신의 노래를 들어주는 전 세계의 팬들을 얼마나 소중히 여겼는지를 트래비스 베인의 입을 통해 들으며 '그랬구나, 마이클 잭슨과의 인연은 이런 식으로 아직도 이어지고 있었구나'라는 묘한 감정에 사로잡혔습니다. 마이클 잭슨과 함께 보냈을지도 모를 시간을, 나는 앞으로 트래비스 베인과 보내게 되겠지요.

그런 트래비스 베인한테서 나는 믿을 수 없는 선물을 받았습니다. 구두 한 켤레였습니다. 단순한 구두가 아닙니다. '디스 이즈 잇' 공연을 위해 마이클 잭슨과 트래비스 베인이 직접 이탈리아까지 가서 둘이 상의한 끝에 골랐고, 마이클 잭슨이 신기로 했던 구두가 있었습니다. 그것과 같은 구두를 트래비스 베인이 날 위해 만들어주었습니다. 분에 넘치는 영광이란 이런 것이구나 하는 생각이 들었습니다.

이런 행운을 독점한다는 사실에 도무지 마음이 편치 않았던 나는 트래비스 베인에게 간청해서 내 동료들을 위해서도 똑같은 구두를 만들어 감동을 공유하기로 했습니다. 분명 마이클 잭슨도 허락해주었을 것입니다.

'디스 이즈 잇'의 뜻을 당신은 아십니까? 마이클 잭슨을 다룬 다큐멘터리 영화의 제목으로도 쓰인 이 말에는 크게 두 가지 의미가 있습니다. 하나는 '이게 마지막이에요', '이걸로 끝입니다'라는 의미입니다. 실제로 〈디스 이즈 잇〉이란 영화 제목은 마이클 잭슨이 런던의 오투 아레나에서 공연을 한다고 발표할 때 그의 코멘트 중 나온 말에서 따왔다고 합니다. 당시 마이클은 이렇게 말했습니다.

"I just wanted to say that these will be my final show performances in London. When I say this is it, it really means this is it."

해석하면 '이번 공연이 런던에서의 내 마지막 퍼포먼스라고 밝혀두고 싶습니다. 이게 마지막이라고 하면 정말로 마지막입니다'라는 의미입니다.

그리고 '디스 이즈 잇'의 또 다른 의미는 '바로 이거야', '드디어 시작이다'입니다. 뭔가 커다란 사건이 지금 막 일어나려는 상황, 혹은 중요한 도전을 시작할 때라는 의미입니다. 이 책에 소개된 37가지 초일류들과의 에피소드를 읽고서 얻은 무언가를 앞으로의 인생에서 살리겠다고 마음먹은 당신께 딱 맞는 말이 아닙니까?

바로 이 순간에도 당신은 조금씩 변화하고 있습니다. '바뀌어야겠다'고 생각했을 때 이미 최고의 인생은 시작되었습니다. 왜냐하면 남을 바꾸려 하지 않고 나 자신을 바꾸겠다고 선택했기 때문입니다. 나 이외의 누군가를 바꾸려 하지 않는 삶을 살 수 있다면 눈 깜짝할 사이에 모든 것은 좋은 방향으로 변화하게 됩니다.

나만의 목표를 발견해서 그것을 향해 나아가고, 결국 초일류에 다다른 당신과 만날 그날을 고대하고 있겠습니다.

**나카지마 가오루**

**옮긴이 _ 성백희**

이화여자대학교 중어중문학과를 졸업했다. 캠퍼스 시절, 한자사전을 뒤져가며 중국 소설도 읽었지만 항상 다른 나라의 언어에 대한 갈증이 있었다. 단순한 호기심으로 배운 일본어와의 인연이 어느새 생활의 중심이 되었다. 국내에 소개되지 않은 새로운 책을 펼칠 때의 기대감과 국내 최초의 독자라는 설렘이 좋아 번역의 길로 들어섰다. 서점 주인이 되고자 한 어릴 적 꿈은 포기했지만, 평생 책이 나란 인간의 일부로 존재했으면 한다. 앞으로도 훌륭한 저자의 좋은 글을 번역해 많은 독자와 소통하고 더 나은 '우리'를 꿈꾸고자 한다.

주요 번역서로 『나답게 살아가기』, 『숫자 세일즈』, 『좋은 기획서 나쁜 기획서』, 『내 몸 안의 질병원리 병리학』, 『먹기만 해도 만병통치 생강의 힘』, 『팽이버섯이 내 몸을 청소한다』, 『하루 10분 일광욕 습관』 등이 있다.

### 인생에서 중요한 것은 모두 초일류에게 배웠다

초판 1쇄 발행 | 2016년 4월 8일
초판 2쇄 발행 | 2016년 6월 7일

| | |
|---|---|
| 지은이 | 나카지마 가오루 |
| 옮긴이 | 성백희 |
| 펴낸이 | 강효림 |

| | |
|---|---|
| 편집 | 곽도경 |
| 표지 디자인 | 윤대한 |
| 내지 디자인 | 채지연, 유승희 |
| 마케팅 | 김용우 |

| | |
|---|---|
| 종이 | 화인페이퍼 |
| 인쇄 | 한영문화사 |

| | |
|---|---|
| 펴낸곳 | 도서출판 전나무숲 檜林 |
| 출판등록 | 1994년 7월 15일·제10-1008호 |
| 주소 | 03961 서울시 마포구 방울내로 75, 2층 |
| 전화 | 02-322-7128 |
| 팩스 | 02-325-0944 |
| 홈페이지 | www.firforest.co.kr |
| 이메일 | forest@firforest.co.kr |

ISBN | 978-89-97484-72-0 (13320)

이 책에 실린 글과 사진의 무단 전재와 무단 복제를 금합니다.
※ 잘못된 책은 구입하신 서점에서 바꿔드립니다.

## 전나무숲 건강편지를
## 매일 아침, e-mail로 만나세요!

전나무숲 건강편지는 매일 아침 유익한 건강 정보를 담아 회원들의 이메일로 배달됩니다. 매일 아침 30초 투자로 하루의 건강 비타민을 톡톡히 챙기세요. 도서출판 전나무숲의 네이버 블로그에는 전나무숲 건강편지 전편이 차곡차곡 정리되어 있어 언제든 필요한 내용을 찾아볼 수 있습니다.

http://blog.naver.com/firforest

 '전나무숲 건강편지'를 메일로 받는 방법 forest@firforest.co.kr로 이름과 이메일 주소를 보내주세요. 다음 날부터 매일 아침 건강편지가 배달됩니다.

## 유익한 건강 정보,
## 이젠 쉽고 재미있게 읽으세요!

도서출판 전나무숲의 티스토리에서는 스토리텔링 방식으로 건강 정보를 제공합니다. 누구나 쉽고 재미있게 읽을 수 있도록 구성해, 읽다 보면 자연스럽게 소중한 건강 정보를 얻을 수 있습니다.

http://firforest.tistory.com

전나무숲
www.firforest.co.kr